Think Green!
Love Lohas!

자연과 사람을 공경하는
당신이 아름답습니다!

인간과 지구는 함께 살아가는 동반자입니다.
살림로하스는 개인의 건강뿐만 아니라 사회의 건강, 자연의 건강을 추구합니다.
잘 먹고 잘 사는 웰빙을 넘어 인류와 지구를 생각하는 작지만 큰 실천을 담고 있습니다.
지구도 살고 인간도 사는 로하스 라이프!
작은 습관의 변화가 큰 변화를 만들어 냅니다.

| 일러두기 |

1. 먹을거리의 기본은 맛입니다. 몸에 좋은 먹을거리도 맛이 있어야 즐겁습니다.
    살림로하스는 좋은 재료 그 자체의 맛을 살리는 최소한의 레시피로 건강한 맛을 추구합니다.

2. 모든 먹을거리는 믿을 수 있는 재료로 만든 건강한 요리여야 합니다.
    살림로하스의 모든 레시피에는 몸에 좋지 않은 것은 아무것도 넣지 않아 걱정 없이 즐길 수 있습니다.

3. 요리는 즐거워야 합니다. 레시피에 얽매이다 보면 요리가 어렵게 느껴집니다.
    재료 중 준비하기 어려운 것은 비슷한 맛이 나는 것으로 대체하거나 넣지 않아도 괜찮습니다.
    좋아하는 재료를 더 넣어도 좋습니다. 살림로하스의 레시피를 가이드라인으로 삼아
    자기만의 요리 스타일을 살려 보세요. 단 요리 초보자라면 처음에는 레시피대로 하는 것이 좋습니다.

4. 이 책의 요리 재료는 모두 1인분을 기준으로 만들었습니다.

과일과 채소 듬뿍!
다이어트 건강도시락

이도경

살림Life

에코人과 함께 만든 책!
먼저 읽어 봤어요!

문희진 | 서울시 마포구 상수동

직장을 다니다 보니 점심마다 외식을 하게 됩니다. 집 밖 음식은 대부분 간이 짜고 화학조미료 맛이 진하게 나는 데다 육식 위주의 음식이라 늘 건강이 걱정이었습니다. 몸에 좋다는 채식 위주로 도시락을 싸기도 했지만 도시락용 반찬과 별식 레시피를 몰라서인지 자꾸 안 싸게 되더군요. 이 책은 그런 제 고민을 말끔하게 풀어 주네요. 건강한 채식을 기본으로 하되 간편한 레시피에 국물이 흐르지 않는 한입 요리가 가득 담겨 있어 즐겁게 읽었습니다.

이형미 | 전라북도 정읍시 상평동

요즘은 학교는 물론 직장에서도 급식을 하는 경우가 많습니다. 하지만 채식을 하는 사람 입장에서는 급식이 무척 곤란합니다. 저도 모르게 육식을 하게 될 때도 있고 때로는 육식을 제외하고 먹을 수 있는 반찬이 너무 적기도 하거든요. 일부러 채식 위주의 도시락을 싸려고 해도 매일 같은 반찬만 싸게 되어 지겹고 아침에 일찍 일어나는 것도 귀찮더군요. 그런데 책을 보니 주먹밥과 쌈밥 등, 간단하고 영양가 높은 도시락이 많아 실생활에 무척 도움이 되네요. 오래 두고 먹을 수 있는 도시락 반찬류를 따로 소개한 것도 마음에 드네요.

남효 | 전라북도 전주시 덕진구

도시의 삶은 외식을 기반으로 이루어집니다. 아침부터 저녁까지 외식으로 때우는 사람도 많지요. 조금 귀찮더라도 환경에 좋고 몸도 건강해지는 도시락을 챙기는 건 어떨까요. 이 책은 주변에서 어렵지 않게 구할 수 있는 채소나 과일을 가지고 단순한 조리법으로 소박하게 마련할 수 있는 도시락 요리를 담고 있습니다. 10분 만에 뚝딱 싸는 도시락부터, 나들이 도시락, 건강에 좋은 약선 도시락까지 다양한 콘셉트의 레시피가 있어 용도에 따라 이용하기 좋습니다.

※ 「살림로하스」 원고 모니터링에 참여해 주신 한살림, 파주두레생협, 마포두레생협 조합원 100분께 감사드립니다.

들 어 가 는 글

아침 10분, 도시락 타임으로 건강을 챙기세요

점심 식사는 오후 업무와 학업의 질을 좌우지하는 중요한 끼니입니다. 하지만 대부분의 사람들이 단체급식이나 외식으로 대충 때우곤 합니다. 가끔은 그것만으로는 부족해 길거리나 편의점에서 파는 정크 푸드로 입가심을 하기도 하지요. 소화하기 힘든 육식과 혀를 사로잡는 화학조미료, 소금, 설탕이 듬뿍 든 음식은 건강에 악영향을 미치는 것은 물론 식곤증까지 유발해 오후 스케줄에 큰 차질을 줍니다. 활동력이 극대화되고 능률이 오르는 오후를 잘 보내기 위해서라도 몸에 좋고 소화하기 편한 가정식 위주의 점심 식사로 돌아가야 합니다.

직접 만든 도시락은 엄마의 손이 닿지 않는 학교와 직장에서 가족의 건강을 지키는 최소한의 방법입니다. 가정식 도시락이야말로 천천히, 그렇지만 지속적으로 가족 모두의 식습관을 개선할 수 있지요. 특히 육식과 가공식품에 맛들인 사람이라면 더욱 효과적입니다. 갑작스레 식탁 전체를 바꾸려 하기보다 한 끼의 도시락부터 건강 음식으로 바꿔 보세요. 잡곡과 채소, 과일을 자주 섭취하다 보면 어떤 건강보조제를 먹는 것보다 더욱 활기 넘치는 생활을 할 수 있을 것입니다. 요즘 사람들은 늘 시간에 쫓깁니다. 마트에 갈 시간도 부족하고 잠을 잘 시간은 더욱 적지요. 하지만 그 이유로 자신과 가족의 건강을 포기하지는 마세요.

도시락을 위해 특별히 장을 볼 필요는 없습니다. 도시락을 싸려고 꼭두새벽부터 일어나지 않아도 됩니다. 어느 가정에서나 흔히 사용하는 제철 식재료를 써서 전날 밤에 미리 준비하면 아침에 도시락 싸는 것이 어렵지 않답니다.

이 책은 무거운 육식 대신 소화가 잘 되고 포장이 간편한 채식 위주의 레시피를 담았습니다. 채식이 맛없고 배고플 것이라는 편견은 버려도 됩니다. 든든하고 푸짐하게 차린 다양한 콘셉트의 46가지 도시락은 평소 채소를 꺼리는 사람도 즐겁게 먹을 수 있도록 구성했으니까요. 다이어트에 민감한 청소년이나 여성들도 마음 놓고 먹을 수 있어 더욱 좋습니다.

올바르고 균형 잡힌 식생활을 위한 제안인 만큼 영양 배합과 재료간의 조화에도 많은 노력을 기울였습니다. 여러 재료로 다양하게 응용할 수 있는 레시피를 고르고 가족 나들이에 어울리는 특별한 도시락과 각종 질환에 큰 도움이 되는 약선 도시락도 보탰습니다. 모두 간단하게 만들 수 있는 도시락이지만 일반 상차림이나 손님을 위한 메뉴로도 부족함이 없습니다.

점심때마다 화학조미료가 가득 든 외식을 해 왔다면 이제 정갈한 가정식 도시락으로 바꿔 보십시오. 아침 10분의 '도시락 타임'으로 잦은 외식에 시달리는 위장을 달래고 건강한 몸을 만들 수 있습니다.

이도경

한눈에 보는 레시피

아침에 싸기 좋은 간단 도시락

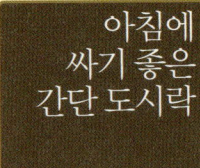 채소무말이 034
 감자매쉬드 037
 토마토볶음밥 039
 기장시금치카레밥 041

 데리야끼소스볶음밥 043
 검은콩양념비빔밥 045
 브로콜리파프리카버섯 꼬치구이 047
 새싹채소비빔밥 048
 버섯채소영양밥 049

 두부소박이&김치볶음 050

도시락으로 딱 좋은 샐러드&샌드위치

 그린샐러드 059
 포장마차샌드위치 060
 포테이토샌드위치 062

 곤약&천사채샐러드 063
 도토리묵샐러드 064
 베이글샌드위치 066
 연두부샐러드 067
 만두소바게트 069

 주머니모닝빵 070
 또띠야롤 073

채소로 만든 주먹밥&김밥&쌈밥

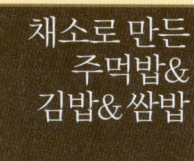
 모둠채소주먹밥쌈 076
표고구이주먹밥 078
오색주먹밥 079
 스틱주먹밥 080

 유부초밥 083
화전주먹밥 084
 다시마&잡곡쌈밥 085
 케이크초밥 087
 두부김밥 088

나들이 갈 때 좋은 별미 도시락

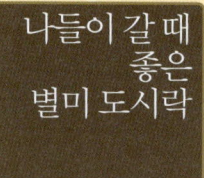
 채소모둠밥 097
 양배추말이찜 099
 맛탕카나페 100
 약밥컵케이크 103

 미니구절판 104
 인절미조림 107
 찹쌀밥구이 108
 멜론채소모둠 110
 라이스페이퍼롤 112

내 몸에 꼭 맞는 약선 도시락

 완두콩시금치커틀릿 115
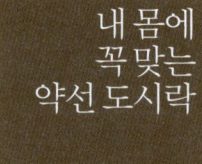
 죽순대추채 118
 흰콩빈대떡&고구마샐러드 121
 쑥고추장떡찜 122

 버섯덮밥&생청국장소스 125
 녹두검은콩연근주먹밥 127
 쥐눈이콩동그랑땡 129
 녹두우엉부침&초콩 130

contents
차례

CHAPTER 01
자연과 사람에 좋은 채식 도시락

- 013 채식의 이로움
- 014 맛있고 먹기 좋게 도시락 만들기
- 016 계절에 맞는 도시락 맛내기
- 018 도시락 싸기의 포인트
- 020 도시락 반찬 깔끔하게 담기
- 022 초간단 도시락, 초밥&주먹밥
- 024 맛깔스러운 채식조미료, 소스&드레싱
- 029 사시사철 간편하게 쌀 수 있는 밑반찬

CHAPTER 02
아침에 싸기 좋은 간단 도시락

- 034 채소무말이
- 037 감자매쉬드
- 039 토마토볶음밥
- 041 기장시금치카레밥
- 043 데리야끼소스볶음밥
- 045 검은콩양념비빔밥
- 047 브로콜리파프리카버섯꼬치구이
- 048 새싹채소비빔밥
- 049 버섯채소영양밥
- 050 두부소박이&김치볶음
- 052 LOHAS STORY | 채소만으로 한 그릇 뚝딱
  모두와 함께 나누는 밥상

CHAPTER 03
도시락으로 딱 좋은 샐러드&샌드위치

- 059 그린샐러드
- 060 포장마차샌드위치
- 062 포테이토샌드위치
- 063 곤약&천사채샐러드
- 064 도토리묵샐러드
- 066 베이글샌드위치
- 067 연두부샐러드
- 069 만두소바게트
- 070 주머니모닝빵
- 073 또띠아롤

CHAPTER 04

채소로 만든 주먹밥&김밥&쌈밥

모둠채소주먹밥쌈 076
표고구이주먹밥 078
오색주먹밥 079
스틱주먹밥 080
유부초밥 083
화전주먹밥 084
다시마&잡곡쌈밥 085
케이크초밥 087
두부김밥 088

친환경생활수기공모전 수상작 | 정설경
'통'을 비워야 산다 090

CHAPTER 05

나들이 갈 때 좋은 별미 도시락

채소모둠밥 097
양배추말이찜 099
맛탕카나페 100
약밥컵케이크 103
미니구절판 104
인절미조림 107
찹쌀밥구이 108
멜론채소모둠 110
라이스페이퍼롤 112
완두콩시금치커틀릿 115

CHAPTER 06

내 몸에 꼭 맞는 약선 도시락

죽순대추채 고혈압 118
흰콩빈대떡& 고구마샐러드 당뇨 121
쑥고추장떡찜 불임 122
버섯덮밥& 생청국장소스 암 125
녹두검은콩연근주먹밥 아토피 127
쥐눈이콩동그랑땡 피로회복 129
녹두우엉부침&초콩 해독 130

믿고 살 수 있는 친환경 매장 132
나에게 맞는 채식 상점 찾기 134

CHAPTER 01

자연과 사람에 좋은
채식 도시락

채식을 하면 몸속에 노폐물이 쌓이지 않아 건강이 좋아지고
육식으로 인한 환경오염도 줄일 수 있다. 그러나 사회생활을 하면서
맑은 곡채식만 하기 어려운 것이 현실. 이럴 때 직접 싼 채식 도시락은 훌륭한 대안이 된다.
제철 과일과 채소, 곡물을 이용하여 영양이 듬뿍 든 도시락을 싸 보자.

채식의 이로움

채식에 관한 가장 큰 편견은 영양이 부족할 것 같다는 우려다. 말, 코끼리, 기린이나 하마는 채식동물이지만 육식동물에 모자라지 않는 큰 덩치와 넘치는 힘을 갖고 있다. 또 육류뿐 아니라 유제품조차 섭취하지 않는 완전한 채식주의자들도 건강을 뽐내며 각 분야에서 뛰어난 업적을 이루고 있다. 과연 채식은 영양부족을 초래 할까?

식탁의 무법자, 동물성단백질

동물성단백질을 섭취하는 육식은 소화 과정에서 많은 독소와 노폐물이 생성되어 여러 가지 생활습관병을 일으킨다. 게다가 우리가 흔히 먹는 동물성단백질이 일정 기간 유통 과정을 거치기 때문에 산화될 수밖에 없는 것도 문제다. 산화를 막기 위해 천연방부제인 마늘, 생강, 파, 후추 등으로 양념해서 먹는다 하더라도 예민한 소화기관에는 부담이 되므로 근본적인 대응책은 되지 못한다. 또한 동물성단백질은 섬유질이 없어 변비와 대장 질환, 직장암, 치질, 비만의 원인이 되기도 한다.

가볍고 몸에 좋은 식물성단백질

양질의 단백질과 불포화지방산은 콩이나 곡류, 견과류, 종실류, 채소 속에도 풍부하게 들어 있다. 또한 채소 속에는 육류에는 없는 비타민, 무기질, 식이섬유가 고르게 포함되어 있기도 하다. 특히 콩나물, 숙주, 새싹과 싹을 틔운 곡류에는 육류보다 더 많은 양의 단백질이 포함되어 있다. 채식 식사를 통해서도 하루 단백질 필요량을 충분히 채울 수 있다. 가장 많은 단백질을 섭취해야 하는 것은 성장기의 아기인데, 이때 필요한 단백질의 양도 총 열량의 5퍼센트일 뿐이다. 평범한 채식 식단의 평균 단백질 양이 총 열량의 5~10퍼센트에 육박하니 채식 위주의 식생활을 한다고 해서 단백질이 부족할 일은 없다.

맛있고 먹기 좋게 도시락 만들기

학업과 업무에 집중하는 데 큰 영향을 주는 점심 도시락은 무엇보다도 재료의 영양을 고려해야 한다. 매일 같은 도시락을 싸기보다는 재료와 양념, 조리법을 다르게 하며 다양한 도시락을 싸는 것이 맛과 영양에 더 좋다.

영양을 생각하여 도시락을 구성한다

밥으로 탄수화물을 채우고 단백질과 지방은 콩이나 깨, 참기름, 견과류 등으로 보충한다. 비타민과 무기질이 풍부한 나물, 해조류나 과일을 배합하면 채식으로도 건강 도시락을 만들 수 있다. 도시락의 기본인 밥은 각종 미네랄과 식이섬유가 살아 있는 통곡류(현미, 통밀, 호밀)와 잡곡류를 위주로 구성하고 쌀에는 없는 필수아미노산은 콩류로 채운다. 콩밥이 싫을 경우 콩을 다양한 반찬으로 만들어 섭취한다. 채소는 각종 비타민, 미네랄, 섬유질의 보고이고 소화가 잘 되는 편이므로 반찬의 많은 부분을 차지하도록 한다. 식물성 지방이 가득한 견과류와 종실류는 반찬에 조금씩 섞어 부족한 지방을 채운다.

맛과 색의 조화를 생각한다

도시락 반찬은 미각과 시각을 두루 만족시키는 게 좋다. 조리법도 되도록 중복되지 않게 신경 쓰고, 식었을 때 맛이 떨어지는 요리는 피한다. 새콤한 오이피클에 매콤한 고추조림, 달콤한 연근조림의 배합이나 짭짤한 무장아찌, 매콤달콤한 호두조림, 고소한 나물무침의 배합은 색깔과 재료, 영양, 조리법이 적절히 균형을 이룬 예다.

반찬은 미리 준비한다

아침에 도시락을 준비하려면 상당히 일찍 일어나야 한다. 밥은 아침에 하더라도 반찬은 미리 준비해 두면 여러모로 편하다. 미리 양념에 재워 두어도 되는 구이나 볶음 재료들, 김밥의 속재료, 양념, 각종 소스, 조림 등은 전날 저녁에 해 두면 다음날 아침이 편하다.

국물이 흐르지 않는 조리법을 택한다

국물이 있는 요리는 국물이 흐르고 냄새가 밸 우려가 있으므로 도시락으로는 되도록 피하는 게 좋다. 그렇다고 너무 마르고 빡빡해도 먹기에 좋지 않으니 국물이 있는 요리를 하되 국물이 잦아들 때까지 조리거나 녹말가루를 뿌려 엉기게 하여 흐르는 액체를 줄인다. 식초로 버무린 생채처럼 처음에는 물기가 적더라도 시간이 지나면서 국물이 생기고 색과 맛이 변하는 음식도 있으니 주의한다.

계절에 맞는 도시락 맛내기

도시락은 제철 식재료의 특성을 잘 살려 조리하는 것이 가장 좋다. 더울 때는 되도록 상하거나 변하지 않게, 추울 때는 몸을 보하는 음식으로 선별한다.

여름 도시락

여름은 수분과 염분을 많이 손실하는 시기이므로 도시락을 쌀 때도 수분이 많은 채소를 주로 배치하고 후식으로 상큼한 과일을 챙긴다. 여름철 늘어지기 쉬운 심신을 위해 매콤한 맛, 새콤달콤한 맛으로 조리하고 땀으로 빼앗긴 염분 보충을 위해 짭짤한 맛을 조화롭게 배합한다. 대기가 습하고 온도가 높아 음식이 상하기 쉬우므로 잘 변하지 않는 요리가 관건이다. 상하기 쉬운 콩, 감자, 두부, 팥, 비빔밥, 나물 등은 빼는 것이 현명하다. 꼭 넣고 싶다면 간을 맵고 짜게 하거나 튀김으로 만들어 넣도록 한다. 식초나 고추장을 이용하여 찬을 만들면 잘 상하지 않으며, 매실이나 생강, 와사비, 무로 조리한 반찬을 곁들이면 습도때문에 발생하는 유해균을 어느 정도 예방할 수 있다. 재료는 보리, 콩, 숙주, 오이, 양상추, 상추, 녹두, 수박, 참외 등 시원한 성질을 가진 것이 좋다. 조리법은 조림이나 무침이 산패나 맛의 변질이 덜하고 건강에도 이롭다. 허브나 향신료를 적당히 넣어 주면 살균 및 방부, 방충 효과가 있어 식중독을 예방할 수 있다.

여름에 싸기 좋은 도시락
오이피클, 채소모둠카레, 파인볶음밥, 보리빵과 레몬소스 샐러드, 매실소스를 이용한 요리, 과일과 완두콩샐러드, 숙주양상추냉채

겨울 도시락

겨울엔 말린 채소가 제격이다. 가을철 햇빛에 말려 비타민 D가 풍부한 무청, 가지, 호박, 고춧잎과 견과류, 종실류는 체온을 따뜻하게 하고 원기를 채워 봄이 올 때까지 에너지를 비축하게 한다. 겨울엔 따뜻한 음식을 위주로 싸되, 가급적 보온병이나 보온도시락을 사용하고 데워 먹을 것을 생각해서 쉽게 상하는 반찬이나 소스는 따로 포장하는 것이 좋다. 감자, 고구마, 단호박, 떡 등은 추운 날씨에 먹으면 체할 수 있으니 죽이나 소스로 응용하는 것이 좋다. 추울 때는 체온을 올리는 볶음, 튀김 조리법을 사용한다. 재료도 계피, 생강, 수삼, 후추 등 열을 내는 재료 위주로 쓴다. 오곡죽, 채소죽, 버섯죽, 견과류죽을 맑게 쑤어 큰 보온병에 넣으면 장소에 구애받지 않고 깔끔하게 끼니를 채울 수 있다. 겨울에는 따뜻한 국이나 수프, 죽을 먼저 먹은 다음 다른 음식을 먹는 게 좋다. 채소나 과일은 깨소금에 찍어 먹으면 잘 체하지 않으니 소화가 안 되는 사람에게 추천한다.

겨울에 싸기 좋은 도시락
비빔밥, 호박죽, 또띠야롤, 카레튀김, 오곡채소죽, 견과류호박스튜, 시래기오곡밥

나물 반찬은 봄가을에 더 주의
봄가을 아침저녁이 선선하다고 믿고 있다가 나물이나 요리가 상한 경험이 있을 것이다. 아침저녁은 시원하지만 낮에는 온도가 상당히 올라가므로 음식물 보관에 신경 써야 하는 계절이다. 두부, 감자, 시금치나물, 콩나물, 숙주나물이나 간이 싱거운 요리들이 특히 잘 상하니 이런 요리를 쌀 때 주의한다.

도시락 싸기의 포인트

나이나 체질, 각각의 상황에 따라 도시락에 들어가는 재료와 조리법, 싸는 방법 등이 달라진다. 먹는 사람의 상황에 딱 맞는 맞춤 도시락을 싸는 방법을 모았다.

유치원, 초등학생 도시락

아이들의 도시락은 영양도 중요하지만 색감이나 모양을 예쁘게 하여 식욕을 불러일으켜야 한다. 아이들은 상한 음식을 가릴 수 없는 경우가 많으니 잘 변하지 않는 재료를 선택한다. 친구들과 같이 나누어 먹을 수 있도록 조금 넉넉히 싸 주는 것이 교우 관계에도 도움이 된다.

중고생 도시락

한창 자라는 시기의 학생들은 학교 급식으로 채우지 못한 열량을 편의점이나 길거리의 정크푸드로 채운다. 간식이나 야식 등의 간단한 주전부리는 직접 건강식으로 싸 주면 좋다. 통밀샌드위치, 김밥이나 주먹밥, 버섯과 채소를 볶아 감싼 또띠야라면 즐겁게 먹을 것이다.

감기에 잘 걸리는 아이 _ 몸을 따뜻하게 해 주는 생강, 면역력을 향상시키는 대추와 견과류를 카레나 볶음밥에 넣어 조리한다. 맛은 약간 맵고 짭짤한 것이 좋다.

편식하는 아이 _ 가리는 식재료를 잘게 썰어 하나로 뭉친 오곡김밥, 주먹밥, 쌈밥을 준비한다.

뚱뚱한 아이 _ 약간 매운맛이 나는 재료나 소스로 요리한다. 채소를 싫어한다면 샐러드에 새콤달콤한 과일소스를 버무려 식사를 유도한다.

여드름 청소년 _ 딸기, 사과, 당근, 오이 등을 식후에 적당량 섭취하면 피부가 한결 깨끗해진다.

졸출할 때는 견과류 _ 공부 도중 졸출함을 호소한다면 땅콩이나 호두, 아몬드 등의 견과류나 집에서 말린 과일칩 등을 간식으로 싸 준다.

커피 대신 음용차 _ 커피는 칼슘을 빼앗는 대표적인 음료이다. 집에서 만든 새콤한 매실주스나 향긋한 유자차를 챙겨 영양 밸런스를 맞춘다.

직장인 도시락

직장 업무와 이로 인한 스트레스로 에너지 소비가 많으므로 무엇보다 균형 잡힌 식단이 필요하다. 만약 특정 질환이 발생했다면 일정 기간 약선 음식을 싸도록 한다.

피크닉 도시락

피크닉 도시락은 즐거운 기분을 충분히 살릴 수 있도록 싼다. 각자의 도시락에 담기보다는 종류별로 분류하여 한꺼번에 담으면 더욱 푸짐하게 느껴지고 나누어 먹는 재미가 생긴다.

다이어트 중이라면_ 채소와 콩을 곁들인 도시락, 생강이나 고추소스로 버무린 도시락, 노폐물을 배출하는 율무와 옥수수차를 마시면 다이어트에 도움이 된다.

변비 때문에 고생한다면_ 채소와 과일 중심으로 싼다. 동치미나 껍질째 찐 고구마, 과일을 후식으로 먹는다.

과도하게 체력이 떨어졌다면_ 원기를 회복할 수 있게 마, 인삼, 오가피, 오자, 대추, 견과류, 종실류, 콩을 각자의 체질에 맞게 먹으면 큰 도움이 된다.

먹기 쉽도록 조리_ 부피가 크거나 물기가 생기는 것보다는 주먹밥, 샌드위치, 경단 등의 간단한 일품요리가 좋다. 샐러드는 채소와 소스를 따로 싸 즉석에서 버무린다.

반찬은 간을 세게_ 반찬을 쌀 경우 평소에 먹는 것보다 간을 약간 세게 해 음식이 상하는 것을 방지한다. 신맛을 내는 반찬과 오렌지, 오미자주스, 오이는 갈증 해소에 탁월한 역할을 하므로 도시락에 곁들이면 좋다. 매실이나 레몬은 식중독 예방에 좋아 위급 상황에 도움이 된다.

도시락 반찬 깔끔하게 담기

도시락은 아무리 예쁘게 만들어도 잘못 담으면 서로 섞여 낭패를 겪을 수 있다. 깨끗하고 먹기 편하게 음식을 담는 비법을 공개한다.

물기는 제거하고 국물류는 따로

도시락에 들어가는 과일이나 샐러드용 채소는 씻은 다음 물기를 완전히 제거하고 넣어야 다른 재료들이 눅눅해지지 않는다. 절인 채소도 물기를 제거한다. 또한 국물이 새거나 오랜 시간 후 물기가 생길 수 있는 재료들은 따로 포장한다.

한입 크기로 조리해 따로 포장

도시락은 야외에서 식사 도구 없이 먹게 될 때도 있으므로 가급적 한입 크기로 조리해서 담는다. 작은 용기에 따로 포장해서 담으면 나중에 먹기도 편하고 손에 양념이나 이물질이 묻지 않아 좋다.

튀김은 기름을 빼기

튀긴 재료들은 키친타올에 올려 한 번 기름기를 뺀다. 다른 음식과 기름이 섞이지 않도록 따로 밀폐 용기에 담는 것이 좋다.

뜨거운 재료는 한 김 식히기

뜨겁게 조리한 재료는 한 김 식힌 후에 넣어야 맛이나 신선도가 떨어지지 않는다. 뜨거운 요리를 바로 도시락에 담고 뚜껑을 닫으면 시간이 경과하며 습기가 생기고 이 습기가 음식에 그대로 흡수돼 도시락 전체의 맛이 떨어진다. 차가운 샐러드는 얼음을 넣은 비닐팩이나 냉팩으로 감싸 스티로폼 통에 넣어 가면 신선도를 유지할 수 있다.

도시락 용기는 친환경 제품으로

도시락용으로 일반 플라스틱 용기를 많이 쓰는데 플라스틱은 뜨거운 음식이나 기름진 음식을 담을 경우 환경호르몬이 녹아 나오는 위험한 용기이니 가능한 쓰지 않는 게 좋다. 조금 불편하더라도 나무 용기나 스테인리스 재질의 도시락 용기가 훨씬 좋다. 야외로 나갈 때는 일회용 용기보다 일정 시간이 경과하면 땅속에서 저절로 분해되는 친환경 도시락 통을 이용한다.

초간단 도시락, 주먹밥&초밥

초밥과 주먹밥은 특별한 재료가 없을 때 간단하게 먹기 편한 음식이다. 모든 재료들이 작게 썰려 들어가므로 채소를 즐겨 먹지 않는 사람에게도 적당하다. 각양각색의 제철 재료로 초밥과 주먹밥을 만들면 힘들게 조리하지 않아도 든든하게 한 끼를 챙길 수 있다.

간단한 영양식, 주먹밥

간단하지만 영양과 맛을 동시에 즐길 수 있는 주먹밥은 밥의 종류, 들어가는 재료와 감싸는 재료, 소스에 따라 천의 얼굴로 변한다. 주먹밥 재료로는 매실장아찌, 김가루, 흑임자, 통깨, 다진 나물, 우엉볶음, 표고볶음, 각종 피클, 볶은 김치, 연근조림, 깻잎을 넣어 응용할 수 있다. 주먹밥은 아무리 잘 뭉쳐놓아도 쉽게 모양이 흐트러질 수 있으므로 호일, 랩, 베이킹컵, 유산지, 한지를 이용해 한 사람씩 먹을 수 있도록 포장한다. 주먹밥 사이에 과일이나 채소를 놓아 반찬과 섞이지 않게 하는 것도 한 방법이다.

재 료 식초 2큰술, 설탕 1큰술, 소금 1/2작은술, 찹쌀밥 1공기, 레몬 한쪽, 주먹밥 주재료(다진 나물, 우엉볶음, 표고볶음, 김치볶음, 연근조림, 깻잎 등)

만들기 냄비에 식초, 설탕, 소금을 넣고 녹여 배합초를 만든다. 따뜻한 밥에 배합초 1/2큰술과 썬 주먹밥 주재료를 넣고 고루 섞는다. 레몬 띄운 물에 손을 담갔다 동그랗게 밥을 뭉친다. 견과류나 김가루, 깨가루, 녹차가루를 뿌려 변화를 줄 수도 있다.

즐겁게 먹는 건강 초밥

손으로 쥔 밥 위에 다양한 재료를 올려 만든 초밥. 여러 가지 채소와 과일, 버섯을 올리고 과일과 허브를 이용한 소스를 곁들이면 상큼하고 영양 만점인 건강 초밥이 완성된다. 재료로는 곤약슬라이스를 비롯하여 간장양념에 조린 표고버섯, 데친 두릅이나 죽순, 배합초에 담근 오이와 당근, 감싸기 좋은 아스파라거스, 김, 깻잎 등 다양하다.

재 료 식초 2큰술, 설탕 1큰술, 소금 1/2작은술, 밥 1공기, 레몬 한쪽, 초밥 주재료(곤약슬라이스, 조린 표고버섯, 데친 죽순, 배합초에 담근 오이와 당근 등)

만들기 냄비에 식초, 설탕, 소금을 넣고 녹여 배합초를 만든다. 따뜻한 밥에 배합초 1/2큰술을 넣고 행주로 덮어 맛이 배게 한다. 배합초의 맛이 배면 주걱을 세워 위아래로 뒤적이며 수분을 날린다. 레몬 띄운 물에 손을 담갔다 한입 크기로 밥을 뭉치고 원하는 초밥 주재료를 올린다. 먹을 때 매실장아찌, 우엉조림, 생강초절임을 곁들인다.

맛깔스러운 채식조미료, 소스&드레싱

버섯, 다시마, 당근, 무 등으로 만든 천연조미료는 음식에 감칠맛을 더하고 색과 향을 좋게 해 주니 직접 만들어 두고 사용하면 유용하다.

천연조미료
재 료 표고버섯, 당근, 무, 다시마, 샐러리, 쑥, 복령, 파슬리, 냉이, 각종 향채류
만들기 재료를 햇볕이나 오븐 등에서 잘 말린 후 분쇄기에 갈아 고운 가루로 만들어 사용한다. 한 가지씩 사용할 수도 있고 몇 가지를 섞어도 좋다.
쓰 임 천연조미료는 감칠맛이 좋고 색이 고와서 수프나 덮밥, 볶음밥, 튀김 반죽 등에 넣어 사용할 수 있다.

버섯가루
재 료 표고버섯 기둥
만들기 표고버섯 기둥을 햇볕에 잘 말린다. 쓸 때는 물에 충분히 불렸다가 음식에 응용한다.
쓰 임 고추조림, 미역국, 각종 국물요리 등에 사용하면 쫄깃한 질감을 즐길 수 있다. 부드럽게 물에 불려 분쇄한 뒤 만두소, 채식햄버거 패드를 만들 때 사용하기도 한다.

매실청
재 료 매실, 원당
만들기 매실은 씨를 제거하고 깨끗이 씻어 물기를 뺀 다음 원당과 1:1로 번갈아 가며 넣는다. 100일 후 매실 과육은 건져 장아찌로 사용하고 매실청은 따라 낸다.
쓰 임 양념장, 소스, 음료, 설탕 대용으로 사용한다.

유자청
재 료 유자, 원당
만들기 소금물로 깨끗하게 씻은 유자를 껍질째 얇게 채썰어 원당과 함께 1:1의 비율로 켜켜이 넣고 100일 정도 숙성한다.
쓰 임 소스, 무침 등에 넣으면 향이 좋다.

채수

재 료 물 15컵, 마른 다시마 2장(10cm×5cm), 건표고버섯 10개, 무 1/2개

만들기 냄비에 물을 붓고 모든 재료를 넣어 약한 불로 50분 정도 끓인다. 맑은 국물을 원한다면 다시마는 5분 정도만 끓이다가 건지고 무도 조금만 넣어 끓인다. 국물이 우러나면 건더기는 건져 내고 국물만 따로 식혀 냉장 보관한다.

쓰 임 국, 찌개, 탕의 국물로 사용하거나 볶을 때 기름 대신 넣을 수 있다. 남은 건더기는 간장이나 조청으로 졸여 반찬으로 응용한다.

멕시칸핫소스

재 료 토마토 2개, 청양고추 1개, 레몬즙 2큰술, 파슬리가루 약간, 오레가노 약간, 소금 약간, 후추 약간

만들기 토마토는 껍질을 벗겨 다지고 고추도 곱게 다진다. 여기에 레몬즙, 파슬리가루, 오레가노, 소금, 후추를 섞는다.

쓰 임 또띠야, 브리또, 피자 등의 브런치 메뉴와 잘 맞는다.

두유마요네즈

재 료 두유 3컵, 포도씨오일 1과1/2컵, 식초 6큰술, 설탕 2큰술, 소금 1작은술

만들기 두유와 포도씨오일, 설탕, 소금을 믹서에 넣고 고루 섞는다. 마지막에 식초를 넣고 숟가락으로 잘 젓는다.

쓰 임 샐러드나 롤에 뿌려 먹는다. 다른 양념장을 고소하고 부드럽게 만들 때도 사용한다.

레몬크림소스

재 료 샐러리 2대, 잣 1/4컵, 호두 1/4컵, 두유 1/4컵, 레몬즙 1/4컵, 올리브오일 1/4컵, 설탕 1큰술, 소금 1큰술

만들기 모든 재료를 믹서에 넣고 곱게 간다.

쓰 임 빵, 또띠야, 채소와 잘 어울린다.

토마토소스

재 료 토마토홀 1컵, 레몬주스 1/2컵, 파인애플주스 1/2컵, 다진 파슬리 2큰술, 다진 피망 2큰술, 소금 1/2작은술, 다진 청양고추 약간

만들기 모든 재료를 믹서에 넣고 곱게 간다.

쓰 임 파스타, 누들샐러드소스, 스파게티샐러드에 이용한다.

간장드레싱

재　료 간장 4큰술, 레몬즙 4큰술, 식초 2큰술. 다진 청·홍피망 1큰술, 다진 오이 1큰술, 참기름 1큰술, 설탕 1큰술, 고춧가루 1/2큰술, 깨소금 약간

만들기 식초를 뺀 모든 재료를 볼에 넣고 설탕이 녹을 때까지 잘 섞은 다음 식초를 넣는다.

쓰　임 두부샐러드나 채소샐러드에 어울린다.

두부드레싱

재　료 두부 1모, 오이 1/4개, 청피망즙 1큰술, 레몬 1/2작은술, 소금 1/4작은술

만들기 모든 재료를 믹서에 넣어 갈고 한 시간쯤 냉장고에 식힌다.

쓰　임 고소하면서도 상큼해 생채소를 찍어 먹기 좋다.

겨자드레싱

재　료 레몬즙 2큰술, 설탕 2큰술, 연겨자 1큰술, 식초 1큰술, 소금 1작은술

만들기 모든 재료를 잘 섞는다. 기호에 따라 참기름을 가감한다.

쓰　임 각종 묵무침, 해초무침, 채식양장피 등에 사용한다.

깨드레싱

재 료 두부 1/2모, 볶은깨 1/3컵, 물 1과 1/3컵, 말린 대추 1/4컵, 소금 1/8작은술
만들기 모든 재료를 믹서에 넣고 간다.
쓰 임 두부카나페, 채소찜 등과 잘 어울린다.

살사드레싱

재 료 토마토 2개, 홍고추 1개, 청피망 1개, 양파 1/4개, 다진 파슬리 1작은술, 핫소스 2큰술, 사과식초 2큰술, 레몬즙 1큰술, 소금 약간, 후추 약간
만들기 데친 토마토는 껍질을 벗기고 다진다. 고추는 반으로 갈라 씨를 뺀 다음 어슷하게 썰고, 피망도 같은 길이로 썬다. 양파는 잘게 다진다. 파슬리는 거즈에 싸서 흐르는 물에 씻은 다음 물기를 꼭 짜고 다진다. 볼에 다진 토마토, 고추, 피망, 양파, 파슬리를 넣고 핫소스, 식초, 레몬즙, 소금, 후추로 맛을 낸다.
쓰 임 라이스페이퍼롤, 양배추롤, 만두튀김 등과 곁들여 낸다.

대두드레싱

재 료 메주콩 1컵, 볶은 호박씨 1/2컵, 파인애플링 5개, 시금치 200g, 올리브오일 1/3컵, 레몬즙 5큰술, 소금 약간
만들기 메주콩을 깨끗이 씻어 충분히 불린 뒤 삶는다. 삶은 메주콩과 호박씨, 파인애플, 시금치, 올리브오일, 레몬즙, 소금을 넣고 믹서에 간다.
쓰 임 빵이나 구운 난에 발라 먹는다. 삶은 스파게티를 비벼 먹어도 맛있다.

사시사철 간편하게 쌀 수 있는 밑반찬

도시락에 어울리는 밑반찬 몇 개를 미리 만들어 두면 여러모로 편리하다. 계절에 맞는 밑반찬과 사시사철 먹을 수 있는 장아찌나 피클을 만들어 두면 도시락은 물론 식탁에 올릴 반찬 고민까지 한 번에 해결될 것이다.

콩자반

재료 검은콩 150g, 물 2컵, 간장 20큰술, 유기농 흑설탕 2큰술, 조청 10큰술, 통깨 약간, 다진 청·홍고추 약간

1 깨끗이 씻은 콩은 하루 전에 불리는데 이때 콩이 충분히 잠기도록 2배 정도의 물에 담가 둔다. 콩과 콩을 불렸던 물을 함께 냄비에 붓는다.
2 1에 간장, 설탕, 조청을 넣고 중불로 끓이다가 한 번 끓어오르면 약한 불로 낮추어 서서히 조린다.
3 콩이 부드러워지도록 40분 정도 끓이다가 조림물이 자작해지면 깨와 다진 고추를 섞는다. 기호에 맞게 조청으로 단맛을 조절할 수 있다.

재료 땅콩 300g, 호두 500g, 참기름 1큰술, 간장 반컵, 물 반컵, 조청 반컵, 원당 반컵, 통깨 조금

1 참기름을 두른 냄비에 호두와 땅콩을 2~3분간 살짝 볶는다. 견과류의 껍질에는 약리 효과가 있으니 되도록 껍질째 조리한다.
2 1에 간장, 물, 조청, 원당을 넣고 센 불로 가열하다가 끓어오르면 약한 불로 낮추어 서서히 조린다.
3 완성되면 통깨를 뿌리고 한 김 식힌 후 유리나 도자기 소재의 밀폐 용기에 담아 냉장 보관한다. 견과류는 산패가 잘 되므로 조금씩 자주 볶아 먹도록 한다.

땅콩호두조림

무장아찌

재료 무 500g, 간장 1컵, 식초 1컵

1. 무는 껍질째 큼직하게 썰어 항아리에 담는다.
2. 간장과 식초를 한소끔 끓인 다음 1에 붓는다. 기호에 따라 설탕, 청양고추, 허브 등을 넣어 다양한 맛을 낼 수 있다.
3. 일주일 정도 지난 다음 국물만 따라 내 한소끔 끓인 다음 식혔다가 다시 무에 붓는다. 반찬으로 낼 때는 가늘게 채 썰어 참기름과 깨를 넣고 무쳐 먹어도 맛있다.

재료 청포묵 300g, 김 3장, 간장 1과 1/2큰술, 식초 2작은술, 유기농 설탕 2작은술, 참기름 약간, 통깨 약간, 다진 청·홍고추 약간

1. 한입 크기로 썬 청포묵을 끓는 물에 살짝 데친 다음 찬물에 헹구어 물기를 제거한다.
2. 김은 1센티미터 폭에 3센티미터 길이로 잘게 자른다.
3. 볼에 간장, 식초, 설탕, 참기름, 통깨를 넣어 간장 양념을 만든 다음 청포묵, 김, 다진 고추와 함께 골고루 무친다. 기호에 따라 미나리, 숙주, 볶은 표고버섯채를 넣으면 색다른 맛을 즐길 수 있다.

청포묵무침

무생채

재료 무 200g, 청고추 약간, 고춧가루 1큰술, 소금 1/3큰술, 식초 1큰술, 유기농 설탕 1큰술, 통깨 약간, 참기름 약간

1. 무는 폭 2밀리미터, 길이 6센티미터로 가늘게 채 썰고 청고추도 같은 크기로 채 썬다.
2. 채 썬 무에 고춧가루를 넣고 잘 무쳐 곱게 물을 들인다.
3. 소금, 식초, 설탕, 깨, 고추, 참기름을 넣고 고루 무친다. 식초와 설탕의 비율을 조절하여 새콤달콤하게 만든다. 개운하게 먹고 싶다면 참기름을 넣지 않아도 된다.

재료 곤약 600g, 물 5큰술, 간장 5큰술, 조청 5큰술, 원당 1큰술, 청양고추 1개, 홍고추 1개, 참기름 1큰술

1. 곤약은 모양을 살려 얇게 슬라이스 한 다음 끓는 물에서 3~4분 정도 데쳐 비린내를 제거한다.
2. 냄비에 기름을 두르고 데친 곤약을 살짝 볶다가 물, 간장, 조청, 원당을 넣고 약한 불로 서서히 조린다. 양념이 곤약에 배어 색이 곱게 나면 채 썬 청양고추와 홍고추를 조금 넣어 개운한 맛을 낸다. 기호에 따라 견과류와 같이 조려도 좋다.
3. 조리는 중간에 양념국물을 조금씩 끼얹으며 윤기가 나게 조린다. 반찬으로 낼 때 참기름을 조금 넣어 버무린다.

곤약조림

감자조림

재료 감자 400g, 청·홍고추 1개씩, 식용유 약간, 양념장(간장 4큰술, 원당 1큰술, 조청 1큰술, 생강즙 약간, 채수 1컵), 통깨 약간

1. 감자는 껍질을 벗겨 한입 크기로 적당하게 썰고 고추는 가늘게 채 썬다.
2. 기름 두른 팬에 감자를 볶다가 감자가 노릇해지면 양념장을 넣고 서서히 조린다.
3. 감자가 다 익으면 통깨와 함께 고추를 넣는다. 기호에 따라 대파나 마늘을 넣어도 된다.

재료 오이 3개, 소금 2큰술, 월계수 잎 2장, 피클소스(생수 1/3컵, 유기농 설탕 1/3컵, 식초 1/3컵, 소금 1작은술)

1. 오이는 소금으로 문질러 깨끗이 씻고 6센티미터 길이로 썰어 소금에 1시간 정도 절인 다음 물기를 빼고 병에 담는다.
2. 피클소스를 냄비에 담아 팔팔 끓인 후 월계수 잎과 함께 1에 붓고 하루 정도 익힌다. 생강이나 마늘 등을 편으로 썰어 넣으면 풍미가 산다.

오이피클

CHAPTER 02

아침에 싸기 좋은
간단 도시락

알람 소리에 겨우겨우 일어나 나갈 준비를 하는 것만으로도 아침은 바쁘다.
여기에 도시락까지 싸려면 정말이지 힘들다. 아침 10분만 투자하면 거뜬히
만들 수 있는 초간단 도시락을 소개한다.

채소무말이

채소무말이는 얇게 썬 무에 다양한 채소를 넣어 풍부한 식감을 주는 요리다. 단촛물에 절인 무, 다양한 채소와 소스를 하루 전에 준비하면 아침엔 그저 돌돌 말아 용기에 넣는 걸로 도시락 싸기 끝이다. 고구마나 감자, 단호박 등을 쪄서 곁들이면 부족한 열량이 충분히 보충된다.

재료

무	100g
오이	1/4개
홍피망	1/2개
배	1/4개
비트	50g
사과	1/4개
새싹채소	50g
찐 고구마	2개

단촛물

유기농 설탕	3큰술
식초	2큰술
소금	1작은술

소스

캐슈넛	3큰술
유기농 설탕	2큰술
식초	1큰술
소금	약간
레몬즙	약간

1 냄비에 설탕, 식초, 소금을 넣고 설탕이 녹을 정도로만 살짝 끓인 후 식혀 단촛물을 만든다.
2 무를 얇게 슬라이스하여 1의 단촛물에 하루 정도 담근다.
3 오이, 홍피망, 배, 비트, 사과를 7센티미터 정도의 막대모양으로 채 썬다.
4 소스 재료를 모두 믹서에 넣고 간다.
5 2의 절여 놓은 무에 오이, 홍피망, 배, 비트, 사과를 넣고 둥글게 만다.
6 5의 채소무말이와 새싹채소, 찐 고구마를 함께 도시락에 담고 소스는 따로 용기에 부어 낸다.

영양으로 꽉 찬 캐슈넛

캐슈넛은 땅콩처럼 생긴 하얀색의 견과류로 단백질, 지방, 미네랄이 풍부한 영양 덩어리이다. 외국 견과류이지만 깐 다음 바로 포장하므로 농약 걱정은 하지 않아도 된다.

재료

감자	2개
소금	약간
양파	1/4개
당근	1/2개
올리브오일	2큰술
후추	약간
오이	1/2개
사과	1/4개
유기농 땅콩	1큰술
유기농 건포도	1큰술
옥수수알	1큰술
두유마요네즈	2큰술
백년초가루	약간

1 껍질 벗긴 감자를 적당한 크기로 썬 뒤 냄비에 넣어 삶다가 익으면 체에 밭쳐 물기를 제거한다.
2 익힌 감자를 볼에 담아 주걱으로 으깨고 소금으로 살짝 간한다.
3 잘게 다진 양파와 당근은 올리브오일을 두른 팬에 볶고 소금, 후추로 간한다.
4 씨 부분을 제거한 오이와 사과를 잘게 다진다.
5 으깬 감자와 3과 4의 재료, 땅콩, 건포도, 옥수수알, 두유마요네즈를 볼에 넣고 고르게 섞는다.
6 5에 백년초가루를 체에 내려 장식한다.

감자매쉬드로 아이들이 좋아하는 간식을

감자매쉬드를 빵 사이에 넣으면 감자샌드위치, 빵가루에 묻혀 튀겨 내면 감자크로켓이 되고, 팬에 고르게 편 후 여러 가지 채소와 스파게티소스 등을 뿌려 오븐이나 전자레인지에 데우면 피자로 변신한다.

감자매쉬드

찐 감자를 으깨 만든 감자매쉬드는 포만감이 있어 든든한 한 끼가 된다. 또 여러 가지 채소를 넣을 수 있어 평소 채소를 먹지 않는 아이의 도시락으로도 그만이다. 하루 전에 감자를 삶아 으깨고 다른 재료들도 미리 다져 냉장고에 넣어 두면 금세 도시락을 만들 수 있다.

토마토볶음밥

토마토는 암, 당뇨, 고혈압, 골다공증, 치매, 비만 예방에 도움이 된다. 붉은 토마토 안에 볶음밥을 담으면 그릇째 먹을 수 있는 특별한 도시락이 된다.

재료

토마토	4개
오이	1/2개
양파	1/4개
청·홍피망	1/3개씩
포도씨오일	약간
옥수수알	1큰술
캐슈넛	1큰술
밥	1공기
소금	약간
후추	약간
오이피클	약간

1 토마토는 윗부분을 잘라 내고 밑바닥에 구멍이 나지 않도록 조심스럽게 속을 파낸다.
2 씨를 제거한 오이와 양파, 피망을 잘게 다진다.
3 포도씨오일을 두른 팬에 양파를 볶다가 오이, 피망, 옥수수알, 캐슈넛, 밥을 순서대로 볶고 소금과 후추로 간을 맞춘다.
4 속을 판 토마토에 3의 속재료를 담고 피클을 곁들인다.

오이&무피클 만드는 법

간장 1컵, 식초 1컵, 설탕 1컵을 섞어 끓인 뒤, 얇게 썬 작은 무 1개에 붓고 1시간 정도 재워 두면 아삭하고 맛있는 피클을 만들 수 있다. 오이는 30분 정도만 재우면 된다. 레몬, 청양고추, 허브 잎이나 통후추 등을 같이 넣어 익히면 더 깊은 맛이 난다.

기장시금치카레밥

잡곡의 왕으로 불리는 기장은 당질과 비타민A가 많고 위장 보호에 좋다. 노란 기장과 파란 시금치, 붉은 방울토마토가 어우러진 삼색 도시락은 시각까지 즐겁게 해 준다. 여기에 성인병 예방에 효과가 있는 카레를 넣으면 맛과 영양으로 꽉 찬 건강 도시락이 된다. 전날 저녁에 기장을 불려 두면 조리 시간을 줄일 수 있다.

재료
기장 ……………………… 1/3컵
시금치 …………………… 10줄기
방울토마토 ……………… 10개
포도씨오일 ……………… 약간
캐슈넛 …………………… 15개
유기농 건포도 …………… 약간
가람마살라 ……………… 2큰술
소금 ……………………… 약간
후추 ……………………… 약간
제철 과일 ………………… 약간

1. 기장은 물에 30분 정도 담가 불린 뒤 체에 건져 물기를 제거한다.
2. 시금치는 뿌리 부분은 잘라 내고 한입 크기로 다듬어 방울토마토와 같이 잘 씻는다.
3. 포도씨오일을 두른 팬에 기장, 시금치, 방울토마토, 캐슈넛, 건포도, 가람마살라를 순서대로 볶는다. 소금과 후추로 간을 맞춘다.
4. 볶은 재료들은 한 김 날린 뒤 제철 과일을 곁들여 도시락에 담는다.

인도의 향신료, 가람마살라

가람마살라는 여러 가지의 허브 가루로 만든 인도 전통 향신료로 커리, 볶음밥, 구이 양념으로 쓰인다. 인도처럼 습하고 더운 나라에서는 음식이 쉽게 상하고 유해균이 장에 번식하기 쉬운데, 가람마살라의 각종 향신료는 장을 살균, 해독하는 작용을 한다. 가람마살라를 구하기 어렵다면 일반 카레가루를 이용해도 된다.

재료

두부	1/4모
들기름	약간
오이	1/4개
당근	1/4개
감자	1/2개
양파	1/4개
샐러리	약간
홍피망	1/4개
포도씨오일	약간
밥	1공기
제철 과일	약간
제철 채소	약간

데리야끼소스

물	1/2컵
간장	1/2컵
조청	1/2컵
샐러리	1대
양파	1/2개
대파	1대
생강	1쪽
매운 마른고추	1개
통후추	10개

1 큰 냄비에 데리야끼소스 재료를 넣어 국물이 반으로 줄 때까지 약한 불로 끓이고 건더기를 건져 낸다.
2 두부는 들기름을 두른 팬에 노릇하게 지진 후 으깬다.
3 오이는 씨를 제거하고 당근과 감자, 양파는 껍질을 벗겨 샐러리, 홍피망과 함께 잘게 다진다.
4 포도씨오일을 두른 팬에 양파, 감자, 당근, 샐러리, 홍피망을 순서대로 볶다가 밥과 으깬 두부를 넣어 잠깐 볶은 다음 1의 데리야끼소스로 간을 맞춘다.
5 다양한 제철 과일과 채소를 곁들인다.

 볶음밥을 맛있게 먹으려면
조리 마지막 과정에 식초나 레몬즙을 약간 넣으면 개운한 맛이 나고 잘 상하지 않게 된다. 볶음밥은 지정된 재료 외에도 조리하다 남은 자투리 채소를 넣어 만들 수 있다.

데리야끼소스볶음밥

달콤한 풍미가 일품인 데리야끼소스는 집에서도 쉽게 만들 수 있다. 원래 데리야끼소스에는 가쓰오부시라는 생선이 들어가 특유의 맛을 내지만 여러 가지 과일과 채소를 이용하면 가쓰오부시를 넣지 않고도 깊은 맛을 낼 수 있다.

검은콩양념비빔밥

양념장만 있으면 완성되는 도시락은 바쁜 아침에 제격. 검은콩으로 만든 양념장은 신장을 보호하고 면역력을 증진시킨다. 검은콩을 미리 물에 담가 불린 뒤 냉동실에 넣어 두면 조리 시간이 줄어든다.

재료

재료	분량
검은콩	1/3컵
볶은 땅콩	1/4컵
불린 표고버섯	2개
청양고추	1개
포도씨오일	3큰술
양파	1/4개
다진 생강	1작은술
간장	4큰술
유기농 흑설탕	약간
물	약간
고춧가루	1큰술
참기름	1큰술
통깨	1큰술
밥	1공기
제철 과일	약간
제철 채소	약간

1. 검은콩은 물에 담가 불린다.
2. 볶은 땅콩은 껍질을 벗겨 다지고 불린 표고버섯과 청양고추도 잘게 다진다.
3. 포도씨오일를 두른 팬에 양파, 생강, 불린 표고버섯을 볶다가 검은콩, 땅콩, 청양고추를 넣고 간장, 흑설탕과 함께 더 볶는다.
4. 3에 물과 고춧가루를 넣어 콩이 익을 때까지 끓인다. 콩이 익으면 참기름과 통깨를 넣어 비빔장을 만든다.
5. 비빔장과 밥, 곁들이는 과일과 채소를 각각 포장하고 먹을 때 비빔장을 뿌려 먹는다.

식물의 색깔별 효능

식물은 색깔별로 각기 다른 효능을 가지고 있다. 푸른색은 간과 담에, 토마토 등의 붉은색은 심장과 혈관에 특별한 기능을 한다. 도라지나 무와 같은 흰색은 폐와 기관지를 돕고, 단호박이나 고구마, 양배추의 노란색은 위장과 비장을 보호한다. 검은색을 띠는 다시마와 검은콩은 신장과 방광을 건강하게 한다.

재료
표고버섯 ··················· 3개
빨강, 노랑 파프리카 ········ 1개씩
오이 ······················· 1/2개
브로콜리 ··················· 1/2개
현미가래떡 ················· 1개
양송이 ····················· 5개
방울토마토 ················· 5개
꼬치 ······················· 약간
밥 ························· 1공기
제철 과일 ·················· 약간

오렌지소스
데리야끼소스 ··············· 3큰술
오렌지즙 ··················· 3큰술
물 ························· 2큰술
레몬즙 ····················· 1큰술
조청 ······················· 1큰술
생강즙 ····················· 1작은술
후추 ······················· 약간

1 소스 재료를 모두 냄비에 담아 약불로 살짝만 끓인다.
2 표고버섯은 밑동을 제거한 후 4등분하고 파프리카도 같은 크기로 자른다.
3 오이와 브로콜리, 현미가래떡은 한입 크기로 자른다. 양송이는 반으로 자르고 방울토마토는 씻어 꼭지를 딴다.
4 손질한 재료들을 하나씩 색깔별로 꼬치에 꽂은 다음 소스를 고루 바른다.
5 석쇠에 호일을 깔고 타지 않게 뒤집어 가며 꼬치를 굽는다.
6 도시락 용기에 밥과 꼬치구이와 제철 과일을 곁들여 넣는다.

🍢 꼬치로 즐기는 여러 가지 재료
감자, 고구마, 단호박, 브로콜리, 버섯을 이용해서 꼬치 요리를 만들면 탄수화물, 단백질, 지방, 비타민, 미네랄 등의 영양이 풍부해진다. 구운 꼬치 위에 견과류를 뿌려 먹거나 식물성기름을 소스에 섞으면 양질의 지방을 섭취할 수 있다.

브로콜리파프리카버섯꼬치구이

하나로도 훌륭하지만 둘이 만나 완벽해지는 요리가 있다. 항암 및 각종 성인병 예방에 탁월한 효능이 있는 브로콜리와 파프리카는 환상의 짝꿍이다. 채소이면서도 40퍼센트에 달하는 단백질을 갖고 있는 브로콜리와 비타민의 보고로 알려진 파프리카는 서로 부족한 부분을 완전하게 채워 준다.

새싹채소비빔밥

비타민과 무기질이 풍부한 새싹채소는 피부에 생기를 주고 피로 회복에 도움이 된다. 특히 밀싹, 브로콜리싹, 메밀싹, 알팔파싹의 효능이 뛰어나다. 새싹채소와 제철 잎채소로 입 안에 자연의 싱그러움을 가득 담아 보자.

재료
밥	1공기
소금	약간
참기름	1작은술
오이	1/2개
새싹채소	100g
잎채소	100g

약고추장
포도씨오일	약간
불린 표고버섯	2개
다진 양파	30g
고추장	1/2컵
조청	1큰술
참기름	1큰술

1 포도씨오일을 두른 냄비에 잘게 다진 표고버섯, 다진 양파를 넣고 볶다가 고추장, 조청을 넣고 약간 더 볶은 다음, 참기름을 넣어 약고추장을 만든다.
2 밥에 소금과 참기름을 넣어 골고루 섞는다.
3 오이는 5센티미터 크기의 막대형으로 자른다. 새싹채소와 잎채소는 한입 크기로 잘라 둔다.
4 밥과 채소를 따로 담고 약고추장은 작은 용기에 별도로 준비한다.

온 몸을 일깨우는 새싹 에너지
식물은 각기 고유의 에너지와 특성을 갖고 있어 제철 채소를 뿌리부터 줄기, 열매까지 골고루 챙겨 먹으면 다양한 영양분을 섭취할 수 있다. 특히 봄에 파릇파릇하게 돋는 새싹은 겨우내 움츠러들었던 몸과 마음을 깨워 준다.

버섯채소영양밥

쫄깃한 식감과 구수한 맛을 가진 표고버섯은 산에서 나는 고기라고 불린다. 탕수육이나 구이처럼 육류를 기본으로 하는 요리에 고기 대신 넣어도 좋다.

재료
- 현미 ·················· 2컵
- 불린 표고버섯 ·········· 3개
- 들기름 ················ 약간
- 간장 ·················· 약간
- 우엉 ·················· 1/3개
- 감자 ·················· 1개
- 당근 ·················· 1/2개
- 은행 ·················· 15알
- 된장 ·················· 1큰술
- 청·홍피망 ············· 1개씩

간장 양념장
- 간장 ·················· 3큰술
- 통깨 ·················· 2큰술
- 참기름 ················ 2큰술
- 고춧가루 ·············· 1작은술
- 다진 청·홍고추 ········ 1개씩

1 현미는 물에 30분 정도 담가 불린 뒤 체에 건져 둔다.
2 물에 불린 표고버섯은 밑동을 제거한 뒤 사방 1센티미터 크기로 썰어 들기름과 간장을 넣고 버무린다.
3 깨끗이 씻은 우엉은 껍질을 벗기고 깍뚝 썰어 들기름에 볶는다.
4 감자와 당근은 잘게 다지고 은행은 볶은 뒤 껍질을 제거한다.
5 압력밥솥에 불린 현미, 표고버섯, 우엉, 감자, 당근, 은행, 된장을 넣어 밥을 짓는다.
6 밥이 다 되면 피망을 한입 크기로 썰어 섞은 뒤 도시락에 담는다. 양념장 재료를 모두 섞어 간장 양념장을 만들고 따로 포장하여 식사 전에 뿌려 먹는다.

영양밥을 빨리 만들려면
하루 전에 모든 재료를 준비한 뒤 압력밥솥에 넣어 두고 아침에 일어나 취사 버튼만 누르면 금세 영양밥이 완성된다. 밥을 할 때 말린 둥굴레를 몇 개 넣으면 구수한 맛이 난다.

두부소박이&김치볶음

구수한 두부와 잘 익은 김치만 있다면 특별한 메뉴 없이도 근사한 도시락을 만들 수 있다. 색색의 고명을 넣은 두부소박이는 보는 것만으로도 식욕을 자극한다. 제철 과일과 채소를 곁들이면 영양 밸런스도 잘 맞는다.

재료

두부	1모
소금	약간
들기름	약간
당근	1/3개
청·홍피망	1개씩
불린 건표고버섯	4개
간장	1큰술
유기농 설탕	1작은술
후추	약간
참기름	약간
포도씨오일	약간
김치	약간
통깨	약간
밥	1공기
제철 과일	약간
제철 채소	약간

1 두부는 1.5센티미터 두께의 한입 크기로 잘라 소금을 뿌렸다가 들기름을 두른 팬에 굽는다.
2 당근과 피망은 채 썰어 소금으로 간한 다음 볶는다. 채 썬 표고버섯은 간장, 설탕을 넣고 살짝 볶다가 후추와 참기름으로 마무리한다.
3 두부가 삼각형 모양이 되도록 사선으로 자르고 가운데에 칼집을 내어 이 틈으로 2의 재료를 소박이처럼 가지런하게 넣는다.
4 포도씨오일을 두른 팬에 김치를 볶고 참기름과 통깨를 뿌려 밥, 두부소박이와 함께 도시락에 담는다. 제철 과일과 채소를 곁들인다.

익은 김치 활용법
김치를 볶을 때 매실효소를 넣으면 새콤달콤한 맛이 감돌아 더욱 맛있다. 잘 익은 김치를 된장과 같이 끓이면 별미 찌개가 된다.

LOHAS Story | 채소만으로 한 그릇 뚝딱

모두와 함께 나누는 밥상

　보리는 눈 내리는 겨울 들판에서 싹을 틔워 찬 기운을 머금고 자란다. 후끈하게 달아오른 여름날이면 보리밥이 생각나는 이유이다.
　"햇보리가 원래 더 맛있어. 덜 말라서 촉촉하니 쫀득쫀득 찰기가 있거든."
　충북 괴산에서 잡곡 농사를 짓고 있는 조영주 씨가 보리쌀을 씻으며 여름 보리 예찬에 나선다. 함께 일하는 이들의 점심이 늦을세라 순식간에 보리를 큰 솥에 걸어 올리고 함께 곁들일 된장찌개며 겉절이 등 반찬 장만에도 분주하다.
　"미리 안 삶아도 되지 뭐. 그냥 이래 푹 삶다가 그 위에다 바로 쌀을 올려. 밥물이야 좀 덜 붓는다 싶을 정도로……. 나중에 누룽지 앉으면 그게 또 얼마나 꼬신데."

보리의 양은 기호에 맞게 적절히 맞추면 된다. 이 날 그이는 보리와 쌀의 비율을 7：3 정도로 밥을 했다. 꽁보리밥이 따로 없다.

더운 기운을 식혀 준다, 보리밥

이 시간에 그이의 남편, 경동호 씨는 낫을 들고 누런 보리밭 앞에 섰다. 그는 능숙한 손길로 보리를 휘어잡고 무덤덤하게 낫질을 하더니 금세 보릿단을 만들고 밥 먹을 자리를 만든다.

"앉아요, 앉아. 이래 보릿단 위에 앉아 먹는 거여. 어이! 자네 밥 먹었나? 일루 와서 한술 뜨고 가지." 조용한 농촌 마을에서 이렇게 한둘씩 모이니 수확 앞둔 보리밭에 제법 활기가 넘친다. 보릿단 하나를 방석 삼아 자리를 차지하고 드디어 밥을 마주했다. 오동통한 보리 낟알은 터질 것만 같고, 멸치를 넣어 끓인 된장찌개의 구수한 향기가 보리밭에 진동한다. 거기에 상큼한 겉절이와 고소한 상추나물, 그리고 잡티 하나 없이 보기만 해도 침이 고이는 고추장 한 숟가락까지. 다른 이들 밥그릇에는 신경 쓸 필요도 없다. 모든 것이 준비된 이 순간, 내 손에 쥔 이 밥사발에만 온 신경을 집중하고 비비기 시작하니 눈과 코를 유혹하는 보리밥의 자태에 현기증이 날 정도다.

"와, 밥맛이 꿀맛이다!" 보리가 많이 들어가서 찰기보다는 매끈함이 많이 느껴지고 구수함과 고소함, 상큼함과 매운맛이 절묘하게 배어 있다. 언제 다 먹었나 싶게 벌써 바닥이 드러난다. 밥 담아 온 큰 그릇을 슬쩍 보는 순간 어디선가 벌써 밥주걱이 내 밥사발로 들어온다.

"보리밥은 금방 꺼진다니까."

싸고 또 싸고, 쌈밥

경기도 파주에서 소문난 재주꾼인 김은주 씨에게 여름은 가을만큼이나 풍요의 계절이다. 바로 집 앞에 있는 그이의 텃밭에선 오이, 수박, 호박, 적근대, 겨자, 상추, 감자, 토마토, 고추 등 이름을 모두 헤아릴 수 없는 채소와 과일이 쑥쑥 자라 밥상을 늘 풍성하게 해 주고 있다.

"그냥 집에 있는 것들로 쌈밥 한 번 하지요, 뭐."

마을에서 함께하고 있는 '해오름 공동체' 회원들과 마을 사람들을 여럿 식사에 초대했는데 그이는 그저 느긋하고 여유롭다. 현관문을 열고 나가니 너른 텃밭이 펼쳐지고 그이는 어느새 밭고랑의 한가운데 선다. 들고 나간 채반에는 어느새 채소들이 수북이 올라간다. 그 사이 마을 사람들이 하나둘씩 도

착하고 식사 준비와 함께 유쾌한 여자들의 한판 수다도 곁들여진다.

쌈밥 차림은 간편하다. 각자 좋아하는, 혹은 마침 냉장고에 있는 채소만 잘 씻어 꺼내 놓고, 감칠맛 나는 쌈장 하나만 있으면 기본은 다 된 셈이다. 여기에 양념이 잘 밴 제육볶음이나 담백한 수육과 새우젓이 있다면 한 상 잘 차려진 정식이 된다.

"마침 시골 친정집 논에서 잡아 놓은 우렁이 있으니 그걸로 된장을 끓이고, 고추장 볶음을 곁들일 게요. 그러면 굳이 고기는 없어도 돼요."

김은주 씨는 말이 끝나기가 무섭게 뚝배기에 된장을 끓여 낸다. "맛있게 드세요!" 한마디씩 하고 아이들까지 밥상머리에 앉으니 갓 따온 채소잎 마냥 모두 금세 더 환해진다. 이 집 쌈밥은 아이들도 잘 먹는다. 인스턴트식품과 육식에 길든 아이들이 채소쌈을 덥석덥석 싸서 밥 한 그릇을 뚝딱하니 오늘 당장에라도 채소를 장만해 볼 일이다.

여럿이 함께 더욱 풍성하게, 양푼비빔밥

한살림경기남부에서 이사장을 맡고 있는 김미화 씨와 과천 지역 조합원들이 한낮 소풍에 나선다. 구름 한 점 없이 맑은 날씨에 지부 사무실 인근의 텃밭 정자에 올라서니 어디선가 산들바람이 살랑인다. 갖가지 나물에 오이냉국, 문어초무침, 부추부침개, 총각김치, 된장국. 누구랄 것도 없이 십시일반 보따리에 싸 온 찬들을 펼쳐 놓으니 화려하기 그지없다. 그 사이 김미화 씨는 텃밭으로 달려 나간다.

"쑥갓꽃, 감자꽃, 갓꽃, 장다리꽃이에요. 예쁘죠?"

푸성귀에서 피워 낸 것이라고는 상상할 수 없을 정도로 곱다. 한 묶음 묶어다 음식들 사이에 꽂아 두니 그야말로 최고의 밥상이 바로 눈앞에 있다. 그리고 마지막으로 등장한 것이 커다란 스테인리스 양푼과 밥.

"우린 밥이 부족하면 불안해. 차라리 남으면 남았지 한 사람이라도 배고프면 안 되지. 남으면 나중에 먹으면 되고."

비빔밥은 역시, 큰 그릇에 비벼야 일단 보기에 풍성하다. 밥을 먼저 담고 그 위에 향긋한 냄새가 솔솔 풍기는 숙주나물, 취나물, 애호박, 죽순나물과 열무김치를 수북하게 얹고 고추장을 양념 삼아 비비기 시작한다. 이날 나물 무침으로는 참기름을 쓰지 않고 들기름을 쓰거나 들깨가루를 넣었다는 것이 특징. 참기름을 쓸 때보다 좀 더 구수하고 깊은 맛이 좋다.

색깔 있는 이집 저집의 나물들을 몽땅 한데 넣고 얼마나 비볐을까. 드디어 군침 도는 빛깔의 비빔밥이 본 모습을 드러낸다. 시원하고 아삭한 열무김치는 적당히 익어 깊은 맛을 뿜어 내고 구수한 다른 나물들과 조화를 이룬다. 삶거나 데쳐 순한 양념을 거친 나물들은 이미 뒤섞여 알아볼 수 없을 정도지만 입속에서 하나하나 그 존재감을 드러내며 향연을 펼친다. 비빔밥은 언제 어디서나 환영받는다. 여럿이 함께, 한 그릇에 뒤섞일 수 있다면 각기 다른 개성들도 그 한순간만은 한데 섞여 동상동몽同床同夢할 수 있어 더욱 매력적이다.

| 이 글은 「살림이야기」01호에서 만날 수 있습니다. 「살림이야기」는 사람과 사람, 사람과 자연이 조화로운 생명세상을 꿈꾸며 봄·여름·가을·겨울마다 내는 생활문화지(www.salimstory.net)입니다.

보리밥과 함께 먹는 상추나물
상추 200g, 참기름 1큰술, 들기름 1큰술, 깨소금 1작은술, 소금 1작은술, 들깨가루 2큰술, 물 1/4컵
1 씻어 다듬은 상추는 끓는 물에 숨만 죽을 정도로 살짝 데치고 물기를 꼭 짜 놓는다.
2 냄비에 들기름을 두르고 1을 살짝 볶다가 물과 들깨가루를 넣어 자박자박하게 볶는다.
3 소금으로 간을 맞추고 불을 끈 후 마지막에 참기름과 깨소금을 넣어 섞어 낸다.

쌈장으로는 최고, 고추장 볶음
고추장 300g, 간 돼지고기 300g, 다진 마늘 3큰술, 버섯가루 1큰술, 조청 6큰술, 잣 약간
1 다진 마늘을 볶아 마늘 기름을 낸 후 돼지고기를 넣어 물기가 없을 때까지 볶는다.
2 고추장과 버섯가루를 넣어 잼처럼 부글부글 끓을 때까지 볶다가 조청을 넣어 한소끔 더 볶는다.
   오래 보관하려면 조청을 더 넣으면 된다.
3 완전히 식으면 잣을 다져 넣고 잘 섞는다.

시원한 죽향이 가득한 죽순나물
데친 죽순 100g, 국간장 1큰술, 들기름 1큰술, 다진 마늘 1작은술, 들깨가루 2큰술, 다진 파 1큰술, 소금 약간, 물 1/3컵
1 들기름을 두른 팬에서 다진 마늘을 먼저 볶고, 데친 후 물기를 꼭 짠 죽순을 넣어 볶는다.
2 국간장과 들깨가루, 물을 넣어 자박자박하게 볶는다.
3 불을 끄고 마지막에 다진 파를 넣어 볶아 낸다. 봄철에 죽순이 나면 먼저 데친 후 냉동해 두면 언제라도 먹기 좋다.

CHAPTER 03

도시락으로 딱 좋은
샐러드 & 샌드위치

여러 가지 채소와 과일, 견과류를 섞은 샐러드와 다양한 소스는
입 안 가득 자연의 싱그러움을 느끼게 해 준다.
샌드위치와 샐러드로 도시락 안에 근사한 브런치 레스토랑을 담아 보자.

그린샐러드

다이어트를 위해 식이요법 중이라면 채소와 과일, 견과류로 만든 그린샐러드를 추천한다. 풍부한 섬유질이 포만감을 주지만 열량은 낮고, 평소 부족하기 쉬운 비타민과 무기질이 보충된다. 베이킹컵에 담으면 한 사람씩 나눠 먹기도 좋다.

1 오이, 당근, 피망은 사방 1센티미터 정도로 잘라 두고 양상추는 한입 크기로 찢는다.
2 작은 주사위 모양으로 잘게 자른 식빵은 기름기 없는 팬에 살짝 굽는다.
3 두유마요네즈에 땅콩버터를 섞은 뒤 레몬즙을 넣어 소스를 만든다.
4 1의 채소에 옥수수알과 호두, 캐슈넛, 대추를 넣고 3의 소스를 뿌린 다음 골고루 섞는다. 이때 구운 식빵을 넣어 물기가 생기는 것을 방지한다.
5 베이킹컵에 1인분씩 담고 오렌지를 곁들여 낸다.

서늘한 성질의 그린샐러드
감기에 걸렸다면 이 도시락은 피하도록 한다. 수분이 많은 채소와 과일은 체온을 떨어뜨리기 때문이다. 또 위장이 냉해 소화기가 약한 사람은 소스에 생강즙을 넣거나, 식후에 생강절임을 먹는 것이 좋다.

재료
오이	1/2개
당근	1/2개
청·홍피망	1/4개씩
양상추잎	약간
식빵	1장
옥수수알	3큰술
호두	4개
캐슈넛	1큰술
씨를 뺀 대추	1큰술
베이킹컵	10개
오렌지	1개

두유마요네즈소스
두유마요네즈	3큰술
땅콩버터	1큰술
레몬즙	3큰술

포장마차샌드위치

출근길과 등굣길에 후각을 자극하는 토스트 냄새는 너무나 유혹적이다. 뜨거운 토스트를 감싼 종이가 기름으로 흠뻑 젖는 것을 알면서도 그 맛을 포기하지 못했다면 이제는 고개를 돌리자. 트랜스지방과 다량의 설탕이 들어간 토스트 대신 채소만으로도 입안에 침이 가득 고이는 포장마차샌드위치를 만들 수 있다.

재료
통밀 식빵 ······················ 2장
두부 ···························· 1/4모
포도씨오일 ···················· 약간
오이 ···························· 1/4개
양배추 ·························· 1/8개
당근 ···························· 1/4개
유기농 볶은 땅콩 ··········· 1큰술
유기농 건포도 ················ 1큰술
옥수수알 ······················· 2큰술

두유마요네즈소스
두유마요네즈 ················· 3큰술
땅콩버터 ······················· 1큰술
케첩 ···························· 3큰술
후추 ···························· 약간
유기농 설탕 ··················· 약간

1 식빵은 토스트기나 팬에 기름을 두르지 않고 살짝 굽는다.
2 두부는 포도씨오일을 두른 팬에 노릇하게 지진다.
3 오이는 껍질을 돌려 깎아 채 썰고, 두부와 양배추, 당근도 같은 크기로 채 썬다. 볶은 땅콩은 껍질째로 작게 부순다.
4 소스 재료를 모두 섞어 두유마요네즈소스를 만든다.
5 소스에 3의 재료와 건포도, 옥수수알을 넣고 부드럽게 섞는다.
6 식빵에 5의 샌드위치소를 가지런히 올리고 남은 식빵을 위에 포갠 후 대각선으로 자른다.

구수한 통밀 식빵
통밀로 만든 빵은 정제한 백밀로 만든 빵보다 약간 거칠지만 씹다 보면 구수하고 깊은 맛을 느낄 수 있다. 구워 먹으면 소화가 더 잘 된다.

포테이토샌드위치

밥에 버금가는 포만감을 주는 으깬 감자는 활용도가 높은 아이템이다. 감자매쉬드가 사용되는 대부분의 요리는 고구마나 단호박 으로도 만들 수 있으니 잘 익혀 두면 유용하다.

재료
오이 ················· 1/2개
사과 ················· 1/4개
삶은 감자 ············ 1개
유기농 건포도 ········· 1큰술
유기농 볶은 땅콩 ······ 1큰술
완두콩 ··············· 1큰술
식빵 ················· 2장
유기농 땅콩버터 ······· 1큰술

마요네즈소스
두유마요네즈 ········· 2큰술
유기농 설탕 ·········· 약간
소금 ················· 약간
후추 ················· 약간

1 씨를 뺀 오이와 깨끗이 씻은 사과는 사방 0.5센티미터 정도로 깍뚝 썬다.
2 두유마요네즈, 설탕, 소금, 후추를 넣어 마요네즈소스를 만든다.
3 삶아 으깬 감자에 건포도, 볶은 땅콩, 오이, 사과, 완두콩을 넣고 마요네즈소스를 부어 섞는다.
4 팬에 살짝 구운 식빵의 한쪽 면에 땅콩버터를 바르고 그 위에 3의 샌드위치소를 얹은 뒤 나머지 식빵 한 장을 덮는다.
5 샌드위치를 대각선이나 사각으로 자르고 모양을 살려 담는다.

샌드위치를 포장할 때는
샌드위치를 포장할 때 유산지로 감싼 뒤 노끈이나 종이 리본을 이용해 묶으면 속재료가 묻어나지 않아 휴대가 용이하고 깔끔하게 먹을 수 있다.

곤약&천사채샐러드

곤약과 천사채는 구약감자와 해조류로 만든 식품인데 칼로리가 거의 없고 포만감은 커 다이어트에 좋다. 식이섬유도 많아 장속의 노폐물을 배출하는 효과가 있다.

재료

실곤약	200g
천사채	100g
오이	1/2개
사과	1/4개
배	1/4개
초록, 노랑 파프리카	1/4개씩
당근	1/6개

겨자소스

감식초	2큰술
연겨자	1큰술
간장	1큰술
원당	1큰술
조청	1큰술
레몬즙	1큰술
생강즙	1작은술
참기름	2작은술
후추	약간

1 실곤약과 천사채를 찬물에 헹구고 채반에 담아 물기를 뺀다.
2 오이, 사과, 배, 파프리카, 당근은 채 썰어 둔다.
3 소스 재료를 고루 섞어 겨자소스를 만든다.
4 1과 2의 재료에 소스를 붓고 간이 배도록 잠시 두었다가 소스가 새지 않게 주의하여 도시락에 담는다.

다이어트에 성공하려면

수분이 많아 비만이 된 사람은 수분을 배출하는 호박, 율무, 커피가 도움이 되고 폭식, 과식으로 기혈 순환이 안 되어 비만이 된 사람은 운동이 답이다. 비만에는 향이 강한 음식과 매운 음식이 도움이 되기도 한다.

도토리묵샐러드

간장소스를 뿌려 한식의 느낌이 나게 먹는 샐러드이다. 중금속이나 농약으로 오염된 우리 몸을 청소하는 도토리묵, 고수, 시금치를 넣어 맛과 건강을 챙겼다.

재료
- 고수 ··········· 100g
- 시금치 ·········· 100g
- 새싹채소 ········· 약간
- 도토리묵 ········· 1/2모
- 토마토 ··········· 1개

채소용 레몬소스
- 토마토 ··········· 1개
- 레몬즙 ··········· 2큰술
- 포도씨오일 ········ 1큰술
- 조청 ············· 1큰술
- 소금 ············ 1작은술

도토리묵용 간장소스
- 간장 ············· 3큰술
- 다진 청양고추 ····· 약간
- 매실청 ··········· 1큰술
- 들기름 ··········· 1큰술
- 통깨 ············· 약간

1 고수, 시금치, 새싹채소는 깨끗이 씻어 물기를 제거하고 한입 크기로 찢는다. 도토리묵과 토마토도 한입 크기로 썬다.
2 잘게 다진 토마토에 레몬즙, 포도씨오일, 조청, 소금을 넣고 잘 섞어 레몬소스를 만든다.
3 간장에 다진 청양고추와 매실청, 들기름, 통깨를 넣어 간장소스를 만든다.
4 도시락 용기에 도토리묵과 채소들을 담고 두 가지 소스를 곁들인다.

인체 정화에 좋은 음식들
샐러리, 미나리, 도토리, 우엉, 연근, 검은콩, 녹두, 메밀, 레몬, 식용 숯가루, 녹즙은 몸에 쌓인 독소를 배출해 인체를 정화해 준다. 인스턴트식품이나 외식을 즐긴다면 이런 재료를 이용한 음식을 먹는 것이 도움이 된다.

베이글샌드위치

담백한 베이글에 달콤한 단호박소스를 곁들인 샌드위치다. 이 샌드위치에 들어가는 프룬은 말린 자두를 뜻하는데 만성 변비에 시달리는 수험생이나 직장인들에게 특히 좋다.

재료

양상추	1/4장
오이	1/4개
방울토마토	10개
베이글	2개
프룬	1큰술
캐슈넛	1큰술
제철 과일	약간

단호박소스

단호박	1/2개
채식 생크림	2큰술
유기농 설탕	1작은술
소금	약간

유자청소스

식초	1큰술
포도씨오일	1큰술
유기농 설탕	1/2큰술
유자청	1작은술
소금	약간

1. 양상추는 한입 크기로 찢고 오이는 얇게 저며 썬다. 방울토마토는 잘 씻어 물기를 제거한다.
2. 껍질을 벗기고 푹 삶은 단호박에 생크림, 설탕, 소금을 넣고 되직하게 으깨 단호박소스를 만든다.
3. 반으로 자른 베이글 단면에 단호박소스를 바르고 그 위에 양상추, 오이, 방울토마토, 프룬, 캐슈넛을 올린 뒤 나머지 베이글로 덮는다. 단호박소스가 흐르지 않게 유산지나 랩으로 잘 포장한다.
4. 식초, 포도씨오일, 설탕, 유자청, 소금을 섞어 유자청소스를 만든다.
5. 제철 과일과 유자청소스를 따로 포장하여 도시락에 곁들인다.

베이글을 부드럽게 즐기려면

베이글을 부드럽게 하려면 살짝 찐 후 채식버터를 발라 랩으로 감싸면 된다. 먹기 직전에 소스를 바르면 눅눅하지 않게 즐길 수 있다. 베이글 대신 바게트나 크루아상을 이용해도 된다.

연두부샐러드

간단하게 한 가지 음식만 섭취해 몸과 마음을 편안하게 하는 '마이너스 식사법'으로 각광받는 샐러드. 영양이 풍부한 두부에 약간의 채소와 과일을 곁들이면 가뿐하고 상큼한 샐러드 도시락이 완성된다.

1 간장에 모든 양념장 재료를 넣은 뒤 잘 저어 양념장을 만든다.
2 양념가루 재료를 모두 분쇄기에 넣고 간다.
3 오이는 한입 크기로 얇게 저며 썰고 새싹채소, 치커리, 방울토마토도 한입 크기로 자른다.
4 물기를 뺀 연두부는 모양을 살려 조심스레 도시락통에 담고 오이, 새싹채소, 치커리, 방울토마토를 곁들인다. 먹을 때는 연두부에 양념장을 끼얹고 양념가루를 적당히 뿌려 먹는다.

두부와 찰떡궁합
단백질이 많은 두부와 비타민이 풍부한 토마토, 오이는 서로 궁합이 잘 맞는다. 냉한 체질이라면 두부와 토마토를 올리브오일에 굽거나 죽염을 곁들여 먹으면 소화에 도움이 된다.

재료
- 오이 ······················ 1/4개
- 연두부 ······················ 1모
- 새싹채소 ···················· 약간
- 치커리 ······················ 약간
- 방울토마토 ···················· 5개

간장 양념장
- 간장 ······················ 4큰술
- 참기름 ······················ 1큰술
- 고운 고춧가루 ················ 1큰술
- 들기름 ····················· 1/2큰술
- 후추 ······················ 1작은술
- 유기농 설탕 ··················· 약간

양념가루
- 구운 김가루 ·················· 5큰술
- 통깨 ······················ 1큰술
- 유기농 볶은 땅콩 ··············· 1큰술
- 고춧가루 ···················· 1작은술
- 후추 ······················· 약간
- 소금 ······················· 약간

재료

바게트	1개
양배추	1/8통
오이	1/4개
양파	1/4개
당근	1/4개
소금	약간
표고버섯	2개
두부	1/4모
간장	1큰술
유기농 설탕	약간
후추	약간
참기름	약간
채식버터	2큰술
오이피클	8개
방울토마토	8개

1 바게트는 반으로 잘라 포크나 칼로 속을 긁어내 따로 보관한다.
2 양배추와 오이, 양파, 당근은 잘게 다진 후 소금을 넣고 볶는다.
3 잘게 썬 표고버섯과 두부는 간장과 설탕을 넣어 볶고 후추와 참기름으로 마무리한다.
4 2와 3의 볶은 재료와 1에서 파낸 바게트 속을 고르게 섞어 만두소를 만든다.
5 속을 파낸 바게트 안에 채식버터를 바르고 4의 소를 넣어 마무리한다. 피클과 방울토마토를 곁들인다.

만두소의 다른 활용법

만두소를 라이스페이퍼에 감싼 뒤 찌거나 구워 먹어도 맛있다. 떡국이나 칼국수를 만들 때 만두소를 1큰술 넣으면 국물 맛이 살아난다.

만두소바게트

바게트 안에 만두소를 넣은 색다른 샌드위치다. 바로 먹을 때는 김치소를 볶은 뒤 바게트에 얹어 먹어도 맛있다. 통밀이나 호밀로 만든 바게트를 이용하면 건강에 도움이 된다.

주머니모닝빵

속을 파낸 모닝빵에 다양한 재료와 소스를 넣으면 귀여운 주머니 모양의 도시락이 완성된다. 레몬은 따로 포장해 두고 먹기 직전에 즙을 짜 뿌려야 빵이 눅눅해지지 않는다.

재료

방울토마토 ·················· 4개
양상추 ··················· 2장
오이 ···················· 1/4개
모닝빵 ··················· 3개
채식버터 ·················· 3큰술
캐슈넛 ··················· 1큰술
오렌지 ··················· 1개
레몬 ···················· 1/2개

두유머스터드소스

두유마요네즈 ················ 3큰술
홀그레인머스터드 ·············· 1큰술
후추 ···················· 약간

1 방울토마토는 씻어 물기를 제거한 뒤 4등분하고 양상추는 한입 크기로 찢는다. 오이는 씨를 제거하고 잘게 썬다.
2 소스 재료를 모두 넣고 섞어 두유머스터드소스를 만든다.
3 모닝빵의 윗면을 자르고 조심스럽게 속을 파낸 뒤 채식버터를 바른다.
4 양상추, 오이, 캐슈넛에 2의 소스를 섞어 빵 안에 넣고 방울토마토를 얹은 다음 오렌지와 함께 담는다.
5 먹기 전에 레몬즙을 뿌려 새콤한 맛이 매콤한 겨자맛과 조화를 이루도록 한다.

모닝빵에 곁들이는 화이트루

모닝빵에 화이트루를 곁들어 먹으면 맛있다. 화이트루는 두유, 올리브오일, 통밀가루, 소금, 후추를 섞어 만든다. 올리브오일에 동량의 통밀가루를 약한 불로 볶다가 달콤한 향이 나면 두유를 넣어 가며 부드럽게 볶는다. 소금, 후추로 간을 맞추고 곱게 갈면 화이트루가 완성된다.

재료

또띠야 · · · · · · · · · · · · · · · · · · 2장
양상추 · · · · · · · · · · · · · · · · · · 1/4통
오이 · 1/2개
토마토 · · · · · · · · · · · · · · · · · · 1개
두부 · 1/4모
레몬 · 1/2개

두유머스터드소스

두유마요네즈 · · · · · · · · · · · 3큰술
홀그레인머스터드 · · · · · · · · 1큰술
칠리가루 · · · · · · · · · · · · · · 1작은술
오이피클 · · · · · · · · · · · · · · · · 약간

1 또띠야는 기름을 두르지 않은 팬에서 10초 정도 살짝 굽는다.
2 소스 재료를 모두 섞어 두유머스터드소스를 만든다.
3 양상추는 손바닥 크기로 뜯고 오이와 토마토는 얇게 저며 썬다. 두부는 막대 모양으로 썬 뒤에 노릇하게 지져 둔다.
4 또띠야를 펴고 양상추, 오이, 토마토, 지진 두부를 차례로 얹은 다음, 2의 소스를 뿌리고 돌돌 말아 유산지나 랩으로 감싼다.
5 먹기 전에 레몬즙을 뿌리면 상큼하게 즐길 수 있다.

즉석에서 말아 먹는 별미 또띠야

소스나 채소에서 물기가 생기면 또띠야가 눅눅해질 수 있으니 도시락으로 준비할 때는 또띠야, 채소, 소스를 따로 준비했다가 즉석에서 말아 먹는 것도 좋다.

또띠야롤

브리또는 또띠야에 다양한 재료를 감싸 먹는 멕시코 요리다. 채소와 고기, 콩 등을 볶은 뒤 다양한 소스를 뿌려 먹지만 여기서는 고기 대신 여러 가지 버섯과 채소를 볶아 만든다. 마지막에 레몬즙을 뿌리면 맛도 살고 식중독 예방에도 도움이 된다.

CHAPTER 04

채소로 만든
주먹밥&김밥&쌈밥

주먹밥은 밥에 여러 가지 재료를 넣어 뭉치기만 하면 된다.
쉽고 빠르게 준비할 수 있는 데다 냉장고 속에 있는 자투리 재료들을 이용할 수 있어
유용한 아이템이다. 김밥이나 쌈밥도 재료를 바꾸면 다양한 맛을 즐길 수 있다.

모둠채소주먹밥쌈

참기름과 소금만 넣어 깔끔한 맛을 낸 밥으로 채소쌈을 만들면 자연 그대로의 식감을 즐길 수 있다. 한두 가지 쌈채소보다는 상추, 비트잎, 적겨자, 깻잎, 로즈잎, 호박잎, 데친 양배추잎, 아주까리잎 등을 다양하게 이용하는 것이 좋다.

재료

참기름	1작은술
소금	약간
밥	1공기
각종 쌈채소	적당량
통깨	약간

강된장

참기름	1작은술
느타리버섯	50g
표고버섯	30g
된장	1큰술
물	1/3컵
청양고추	1개
다진 파	1큰술

약고추장

표고버섯	30g
다진 양파	약간
포도씨오일	2큰술
고추장	3큰술
조청	1큰술
참기름	1작은술

1 참기름과 소금으로 간한 밥을 동그랗게 한입 크기로 빚는다.
2 참기름을 두른 팬에 잘게 다진 느타리버섯, 표고버섯, 된장을 넣고 볶다가 물을 붓고 끓여 자작해지면 다진 청양고추, 파를 넣고 다시 볶아 강된장을 만든다.
3 다진 표고버섯과 양파를 포도씨오일을 두른 팬에 볶다가 고추장, 조청을 넣고 약간 더 볶는다. 참기름으로 마무리해 약고추장을 만든다.
4 한입 크기로 만든 밥을 쌈채소에 얹는다. 강된장과 약고추장은 밥 위에 올리거나 따로 담아낸다.

맛과 오장육부

맛은 크게 여섯 가지로 나눈다. 신맛은 간을 보하여 근육과 신경을 강화하고, 쓴맛은 심장을 보하여 미각과 혈관 기능을 강화한다. 단맛은 비위를 보하여 소화 기능을 좋게 하고 피부를 윤택하게 해 준다. 매운맛은 폐, 대장을 보하여 기혈의 순환을 촉진하고 짠맛은 신장을 보하며 귀를 밝혀 뼈를 튼튼히 해 준다.

표고구이주먹밥

쫄깃하게 씹히는 표고버섯과 볶은 김치는 풍부한 식감을 준다. 제철 잎채소를 이용하면 더 깊은 맛과 영양을 느낄 수 있다.

재료
건표고버섯 ········· 5장
포도씨오일 ········· 약간
통깨 ············· 약간
참기름 ············ 2큰술
밥 ··············· 1공기
소금 ············· 약간
꽃상추 ············ 5장
겨자잎 ············ 5장
볶은 김치 ········· 100g

표고버섯볶음 양념장
간장 ············· 1큰술
유기농 설탕 ········ 1작은술
후추 ············· 약간
참기름 ············ 약간
통깨 ············· 약간

1 건표고버섯은 미리 물에 담가 충분히 불린 다음 반은 잘게 다지고 나머지는 도톰하게 편으로 썬다.
2 포도씨오일을 두른 팬에 1의 다진 표고버섯과 편으로 썬 표고버섯을 볶음 양념장과 함께 볶고 통깨와 참기름 1큰술을 넣는다.
3 밥에 다진 표고버섯, 소금, 참기름 1큰술을 고루 섞어 한입 크기로 빚는다.
4 꽃상추와 겨자잎에 빚어 둔 밥을 올리고 편으로 썬 표고버섯을 위에 덮는다. 볶은 김치를 곁들여 낸다.

주먹밥의 다양한 변신
주먹밥을 볶거나 양념할 때 케첩, 카레, 데리야끼소스, 김치 등을 곁들이면 여러 가지 맛을 즐길 수 있다. 식은 밥으로 볶음밥을 만들어 예쁜 모양틀로 찍거나, 다양한 잎채소를 응용해 새로운 주먹밥을 만들 수도 있다.

오색주먹밥

주먹밥은 다양한 재료를 넣어 만들기 때문에 영양은 물론 색도 디자인할 수 있다. 다섯 가지 천연 가루로 옷을 입힌 오색주먹밥은 먹음직스러워 보여 아이들이 좋아한다.

재료
- 녹차가루 ………… 1큰술
- 단호박가루 ……… 1큰술
- 당근가루 ………… 1큰술
- 마가루 …………… 1큰술
- 흑임자가루 ……… 1큰술
- 소금 ……………… 약간
- 통깨 ……………… 약간
- 참기름 …………… 1큰술
- 밥 ………………… 1공기
- 무피클 …………… 약간

1. 녹차, 단호박, 당근, 마, 흑임자가루는 각각 나누어 놓는다.
2. 소금, 통깨, 참기름으로 간을 맞춘 밥을 한입 크기로 둥글게 빚는다.
3. 2의 밥을 다섯 가지 가루에 각각 굴려 색을 입히고 무피클을 곁들여 담는다.

재료를 갈아 만드는 오색가루
단호박, 당근, 마, 흑임자를 깨끗하게 씻고 물기를 뺀 다음 마른 상태에서 각각 분쇄기에 갈면 고운 가루가 된다. 자연 건조를 하려면 가을이나 겨울이 좋다.

스틱주먹밥

한입에 쏙 들어가는 크기의 주먹밥을 꼬치에 끼워 두면 아이들이 좋아하는 도시락이 된다. 잘게 썬 여러 가지 채소로 주먹밥소를 만들고 잡곡으로 밥을 하면 편식하는 아이의 식습관 개선에 큰 도움이 된다.

재료
밥 ··················· 1공기
꼬치 ················· 6개
오이피클 ············ 10개
제철 과일 ············ 약간

가루 양념
구운 김 ············· 10장
볶은 깨 ············· 2큰술
볶은 땅콩 ··········· 1큰술
유기농 설탕 ········· 1작은술
고춧가루 ············ 1작은술
후추 ················ 약간

간장소스
간장 ················ 1큰술
조청 ················ 1큰술
매실청 ·············· 1큰술
참기름 ·············· 약간

1 가루 양념 재료를 모두 분쇄기에 넣어 곱게 간다.
2 간장과 조청, 매실청, 참기름을 모두 넣고 섞어 간장소스를 만든다.
3 럭비공 모양으로 빚은 밥을 꼬치에 꽂는다.
4 꼬치밥에 간장소스를 몇 번 발라 가며 기름 두른 팬에서 노릇하게 굽는다.
5 가루 양념을 밥 위에 솔솔 뿌리거나 용기에 담아 따로 낸다. 제철 과일을 곁들인다.

우동이나 쌀국수에도 어울리는 가루 양념
가루 양념은 주먹밥이나 우동, 쌀국수 등 다양한 요리에 이용할 수 있다.

재료
유기농 유부 ·················· 10개
포도씨오일 ················· 약간
우엉 ························· 70g
당근 ························ 1/4개
소금 ························· 약간
참깨 ······················ 1작은술
밥 ·························· 1공기
흑임자 ···················· 1작은술

배합초
식초 ······················· 1큰술
유기농 설탕 ············· 1작은술
소금 ························ 약간
레몬슬라이스 ················ 1쪽
다시마 ······················ 1조각

우엉조림 양념
물 ························· 2큰술
간장 ······················· 1큰술
참기름 ····················· 1큰술
유기농 설탕 ············· 1작은술
조청 ····················· 1작은술
포도씨오일 ·············· 1작은술

1. 유부를 끓는 물에 살짝 데친 다음 물기를 제거하고 대각선으로 반을 자른다.
2. 포도씨오일을 두른 팬에 잘게 썬 우엉을 볶다가 조림 양념을 넣고 조린다. 우엉이 익을 때쯤 유부를 넣고 살짝 버무려 맛이 배게 한다.
3. 당근은 잘게 다져 포도씨오일을 두른 팬에 볶다가 소금으로 간을 맞추고 참깨를 뿌린다.
4. 밥에 배합초 재료, 볶은 우엉, 볶은 당근, 흑임자를 넣고 고루 섞는다.
5. 유부를 벌려 4의 밥을 꼭꼭 채워 넣는다.

 양념에 절인 초밥용 유부보다는 일반 유부를
시중에서 판매하는 초밥용 유부는 이미 양념이 되어 있고 방부제 등 불순물이 첨가되어 있으므로 양념 안 된 일반 유부를 구입해 사용한다. 불가피하게 초밥용 유부를 사용하게 된다면 끓는 물에 살짝 데쳐 불순물 및 기름기를 없앤다.

유부초밥

유부를 이용하여 만든 상큼한 초밥 도시락이다. 유부는 두부를 얇게 썰어 기름에 튀긴 것을 말하는데 유부의 기름기가 싫다면 끓는 물에 살짝 데쳐 이용해도 된다.

화전주먹밥

화사한 식용꽃을 밥, 나물, 샐러드, 튀김에 얹거나 다양한 고명으로 이용하면 먹기 아까울 만큼 예쁜 요리가 된다. 작은 도시락 안에 아름다운 봄날의 정원을 담아 보자.

재료

- 비트 …………… 30g
- 시금치 ………… 30g
- 물 ……………… 2컵
- 단호박 ………… 1/8개
- 찹쌀가루 ……… 3컵
- 소금 …………… 1큰술
- 식용유 ………… 약간
- 식용꽃 ………… 약간

주먹밥 재료

- 식은 밥 ………… 1공기
- 소금 …………… 약간
- 참기름 ………… 약간
- 통깨 …………… 약간

1. 식은 밥은 소금과 참기름, 통깨를 넣고 둥글게 빚어 주먹밥을 만든다.
2. 잘게 다진 비트와 시금치는 각각 물 1컵씩을 붓고 믹서에 간 후 체에 걸러 즙을 낸다.
3. 단호박은 찜기에 찐 뒤 껍질과 속을 제거하고 으깬다.
4. 찹쌀가루는 소금을 넣어 잘 섞은 후 체에 내려 4등분한다.
5. 4등분한 찹쌀가루에 단호박과 비트즙, 시금치즙, 물을 조금씩 부으며 네 가지 색깔의 찹쌀전 반죽을 만든다.
6. 식용유를 두른 팬에 네 가지 색 반죽을 동그랗게 떠 넣어 지진 후 주먹밥 위에 얹고 다양한 식용꽃으로 장식해 도시락에 담는다.

비트즙과 시금치즙 활용법

비트즙은 요리의 색을 낼 때 사용한다. 치자로 노란색을 우려내고, 백년초가루로 붉은색을, 샐러리즙이나 녹차가루로 푸른색을 만들어 쓸 수 있다.

다시마&잡곡쌈밥

80여 가지의 유기질, 무기질을 가진 다시마는 장수 식품으로 알려져 있다. 다시마 안에는 감칠맛을 내는 성분이 들어 있어 국물로 써도 좋고 잘 말린 뒤 분말을 만들어 두고 조미료로 사용해도 좋다.

재료

잡곡	1/2컵
현미	1/2컵
현미찹쌀	약간
소금	약간
마른 다시마(5x5cm)	1장
염장다시마(10x10cm)	5장
양배추잎	3장
겨자잎	3장
상추	3장
초고추장	약간

1. 압력밥솥에 잘 씻은 잡곡과 현미, 현미찹쌀, 소금과 마른 다시마를 넣고 밥을 짓는다.
2. 염장다시마는 끓는 물에 살짝 데친다.
3. 양배추, 겨자잎, 상추는 깨끗이 씻어 물기를 뺀다.
4. 데친 염장다시마와 3의 채소 위에 각각 밥을 한 술씩 얹고 초고추장을 올려 쌈밥을 만든다.

다양한 천연조미료 만들기

다시마, 표고버섯, 양파, 냉이, 허브 등을 오븐이나 건조기에서 말린 다음 곱게 갈아 국물을 내거나 볶을 때 사용하면 편리하다. 기호에 따라서 생강, 고추, 산초, 샐러리, 쑥 등 다양한 채소와 허브를 넣을 수 있다.

재료
- 밥 · · · · · · · · · · · · · · · · · · 1공기
- 오이 · · · · · · · · · · · · · · · · · · 1개
- 빨강, 노랑 파프리카 · · · · 1/2개씩
- 연근 · · · · · · · · · · · · · · · · · · 100g
- 포도씨오일 · · · · · · · · · · · · 약간
- 소금 · · · · · · · · · · · · · · · · · · 약간
- 유기농 설탕 · · · · · · · · · · · · 약간
- 식초 · · · · · · · · · · · · · · · · · · 약간
- 제철 과일 · · · · · · · · · · · · · · 약간

배합초
- 식초 · · · · · · · · · · · · · · · · · · 1큰술
- 유기농 설탕 · · · · · · · · · · 1/2큰술
- 소금 · · · · · · · · · · · · · · · · · · 약간
- 레몬슬라이스 · · · · · · · · · · · · 1쪽

1 냄비에 식초와 설탕, 소금, 레몬을 넣고 설탕이 녹을 정도로 끓여 배합초를 만든다.
2 고슬고슬하게 지은 밥에 배합초를 부어 고루 섞는다.
3 오이와 파프리카를 잘게 다진 뒤 각각 마른 면보에 싸서 물기를 꼭 짠다.
4 연근은 잘게 다져 포도씨오일을 두른 팬에 소금, 설탕과 함께 볶다가 식초를 살짝 뿌린다.
5 케이크 모양의 작은 틀 아래에 랩을 깔고 노랑 파프리카-밥-오이-밥-빨강 파프리카-밥을 순서대로 얹은 뒤 조심스럽게 뒤집어 랩과 케이크 틀을 벗긴다.
6 케이크초밥을 도시락에 담고 제철 과일을 곁들인다.

모양틀을 찍어 만드는 초밥
쿠키를 만드는 작은 틀을 이용하거나 주먹밥 틀을 이용하여 다양하고 예쁜 모양을 낼 수 있다. 아이스크림을 푸는 작은 숟가락으로 밥을 동그랗게 퍼 놓고 원하는 토핑 재료를 얹어도 된다.

케이크초밥

초밥에 색색의 재료를 다져 색깔별로 쌓아 올리고 케이크 모양으로 만들어 단호박이나 녹차가루를 뿌리면 예쁜 케이크초밥이 된다. 화려한 케이크초밥은 아이들의 눈과 입을 단번에 사로잡을 특별한 도시락이다.

두부김밥

시중에서 파는 일반 햄이나 게맛살은 입맛을 자극하는 각종 향신료와 첨가물이 들어가 건강에 좋지 않다. 채소만으로도 김밥을 쌀 수 있지만 김밥에 햄이 빠진 것이 싫다면 두부나 유기농 유부피를 이용해도 된다.

재료

밥	1공기
소금	약간
참기름	약간
검은깨	1작은술
오이	1개
식초	약간
유기농 설탕	약간
우엉조림	2줄
두부	1/4모
들기름	약간
구운 김	2장
깻잎	4장
단무지	2줄

우엉조림 양념

우엉	150g
식용유	약간
채수	2큰술
간장	1큰술반
조청	1큰술
매실청	1큰술
참기름	약간

1 밥에 소금, 참기름, 깨를 넣어 고루 섞는다.
2 오이는 김밥용으로 길게 썰어 소금, 식초, 설탕에 절이고, 우엉은 기름을 두른 팬에 볶다가 조림 양념을 넣고 조린다.
3 두부는 길게 잘라 들기름을 두른 팬에 노릇하게 굽는다.
4 김발에 김을 깔고 밥을 평평하게 김 전체에 골고루 펼친 다음 깻잎, 오이, 두부, 단무지, 우엉조림을 밥 위에 가지런히 놓고 김밥을 만다.
5 칼에 참기름을 살짝 바르고 김밥을 가지런히 썰어 담는다.

김밥 잘 싸는 노하우

맛있는 김밥을 싸려면 우선 밥이 간간해야 한다. 너무 싱거우면 속재료가 있어도 겉도는 느낌이 들기 쉽다. 구입한 단무지는 씻은 후 새로 상큼하게 양념하고 우엉은 쫀득하게 조린다.

친환경생활수기공모전 수상작 | **정설경** (서울시 동작구 사당1동)

'통'을 비워야 산다

 지난 성탄절엔 명절의 떡처럼 절기 음식이 돼 버린 케이크들이 가지가지 들어왔다. 그중 산타 할아버지가 앉아 있는 케이크에는 귀마개 모자를 끼워 팔았는데 아이는 쓰던 털모자를 마다하고 케이크를 따라 온 모자에 열광했다. 조카 녀석은 아이스크림 케이크에 붙어 온 모자를 자랑하며 뿌듯해한다. 케이크는 그것 말고 망토를 달고 온 것도 있었다. 이 정도면 사은품이 대리한 케이크 전쟁이다. 케이크는 그렇지 않아도 반갑지 않은 먹을거리인데 잡동사니까지 따라오니 골칫거리가 따로 없다.

평소 충동구매를 하지 않는데도 내 의지와 상관없이 집안엔 잡동사니가 자리를 잡아간다. 책 몇 권을 인터넷으로 샀을 뿐인데 비닐 팩이나 손가방, 헤어밴드가 달린 귀마개까지 따라온다. 그래서일까. 요즘 아이들은 물건을 잃어버려도 아까워하지 않고 찾으려 들지 않는다. 쉽게 잃어버리고 새것 사기를 반복한다. 동네 놀이터엔 아이들의 옷가지이며 신발주머니가 나뒹굴지만 다시 찾으러 오는 발길은 보기 어렵다. 세상은 새것만 탐하고 오래된 것을 무시하는 못된 병에 걸렸다.

새것에 대한 집착을 버리고 헌것을 사는 즐거움

그림을 그릴 때나 종이접기를 할 때 아이들은 늘 화려한 색종이, 표준화된 스케치북을 탐한다. 하지만 꼭 새것을 사 줄 필요는 없다. 아이들 놀이가 쓰레기를 낳는 행위에 그치지 않도록 재활용 재료를 구비해 두는 것도 좋다. 이면지를 스케치북처럼 묶어서 쓰게 하고 기간 지난 광고지를 도화지라고 얘기했더니 우리 집 꼬마는 그렇게 알고 마냥 즐겁게 쓴다.

우리 집의 유일한 쇼핑처는 '헌 물건'을 파는 벼룩가게다. 서울만도 여러 매장이 있어서 꼬마와 재미난 눈요기를 즐기러 다닌다. 그런데 복병이 하나 있다. 거길 가면 또 새로운 잡동사니를 안고 오는 것이다. 유혹을 뿌리치지 못하는 꼬마는 집에 산적한 장난감을 두고도 새것을 사 달라고 떼쓰다가 서로 기분만 상해 돌아온다.

"집에 있는 장난감을 두 개 없애면 하나 사 줄게."
"절대 안 돼."
"그러면 엄마도 안 사 줄 거야."

그렇게 서로 감정만 구기다가 결국 공간 덜 차지하고 플라스틱이 아닌 것으로 타협을 본다. 거기선 막무가내로 조르다가도 집에 와서는 싹 잊는 걸 보면 아이는 분명 즉흥적인 감정에 치우친 존재다. 그

러니 순간적인 아이 감정에 의존할 필요는 없다. 그 순간을 잘 설득하면 소비의 나락에 빠지지 않는다.

꼬마의 장난감은 '통'을 비우고픈 나의 욕구를 짓누르는 우리 집 대표 잡동사니 단지. 장난감 소굴을 볼 때마다 더 줄이고픈 강렬한 충동이 든다. 무엇보다 플라스틱을 확 치우고 싶다. 플라스틱 자재는 끝없는 악의 순환 구조를 타고난 존재다. 잡동사니와 별거하고픈 욕구, 그것은 플라스틱과 영원히 이별하고픈 내 마음을 반영한다. 세상의 많은 플라스틱과 현명하게 헤어지는 묘안은 없을까?

꼬마가 한창 가지고 노는 것을 무작정 없애는 것도 폭력인 것 같아 꾀를 부려 실험해 보았다. 자리를 많이 차지하는 플라스틱 장난감 몇 개를 박스 안에 담아 시야에서 분리한 뒤, 꼬마가 그 '존재'를 잊었다고 여길 때 과감히 치웠다. 필요한 이웃에게 나누어 주거나 분리수거를 하니 마음이 조금은 편해졌다.

'비움'으로 채우는 살림

꼭 필요한 게 아니라면 살림살이를 늘리고픈 유혹을 누르는 것이 정말 중요하다. 텔레비전을 보니 붕어빵을 집에서 구워 먹는 노하우와 함께 특제 프라이팬이 나온다. 무조건 구입할 심사였는데 '우리 집 프라이팬이 몇 개지?' 하는 생각이 퍼뜩 들었다. 벌써 세 개나 있고 그것들도 변변한 자리가 없는데 붕어빵 프라이팬까지 들어오면 자리다툼이 치열해질 것 같다. '셀프 붕어빵'을 먹고 싶은 욕구는 프라이팬 하나가 늘어난다는 부담감으로 덮었다. 필요해서 물건을 사지만 한 번 더 생각하면 그것이 꼭 필요하지 않은 경우가 많다.

먹을거리도 마찬가지다. 텔레비전이나 인터넷엔 온통 식탐을 자극하는 먹을거리 정보투성이다. 새롭고 더 자극적인 맛을 찾아 매스컴도 사람도 에너지를 쏟는다. 과도한 식탐에 대해 생각하다가 실천강령을 정했다. 이름하야 '냉장고를 비워라' 프로젝트. 냉장고 안에 음식을 가급적 덜 채우고 수시로 비울 방안을 찾는다. 반찬 없다고 마트에 가기 보다는 냉장고에 숨어 있는 재료를 찾아 활용한다. 이걸로도 몇 끼는 거뜬히 해결된다. 장을 봐야만 밥상을 차릴 수 있다는 편견이 절로 사라진다. 이제는 비우기의 새로운 목표로 냉장고가 없는 삶을 꿈꾼다. 일단 냉장고 용량을 줄여 가기로 계획했다. 나와 함께 시집 온 양문형 냉장고를 8년째 쓰고 있으니 그 생

명이 다할 때는 이보다 작은 것으로 대체해 볼 요량이다. 냉장고가 작으면 채울 것도 준다. 작아진 냉장고는 차츰 냉장고가 없어도 될 정도의 생활 패턴으로 이어지지 않을까 기대한다.

다음 세대를 위한 아낌

따닥따닥 붙어 사는 서울 한복판에서 대안적 삶을 소원하는 것도 쉽지 않다. 그래서 그보다 앞선 단계로 '통을 비우는 삶'을 택했다. 통을 비우는 특별한 방법은 없다. 그저 수시로 비우고, 자꾸 자꾸 비우고, 틈만 나면 비울 뿐이다. 농담처럼 우리 집 가훈을 "적게 먹고 적게 싸자"로 말했더니 남편은 앞으로 계속 궁상스러운 생활을 해야 하냐며 불편해했다. 그래도 결국 따라하며 '통'을 비우려고 많이 노력한다. 이런 우리 부부의 모습을 보고 꼬마가 조금이라도 환경을 생각했으면 하는 마음이 든다.

인류의 위대한 스승 노자는 사람답게 살고 하늘을 섬기는 데에는 아끼는 것 만한 것이 없다고 했다. 생명을 아끼고 물건을 아끼는 태도는 우리 자녀를 위해서도 필요한 행동이라고 믿는다. 지구상의 모든 자원을 아끼는 것이 미래의 지구에서 그들이 살아남을 유일한 방편일지도 모르니까.

| 이 글은 「살림로하스」 시리즈 출간을 기념하여 살림출판사와 녹색연합, 한살림, 예장생협, 무공이네, 마이클럽이 공동으로 주최한 2009년 「친환경생활수기공모전」의 수상작입니다.

CHAPTER 05

나들이 갈 때 좋은
별미 도시락

소풍 때마다 지겹게 싸던 김밥과 샌드위치는 이제 그만!
신선한 재료로 새롭게 만든 간단한 일품요리는
나들이용 김밥에 질렸던 사람들에게 도시락 먹는 재미를 일깨워 줄 것 이다.

채소모둠밥

다양한 채소나 견과류를 듬뿍 넣어 만든 밥에 양념장 하나면 별다른 반찬 없이도 밥이 술술 넘어간다. 김이 모락모락 나는 갓 지은 모둠밥에 고소한 참기름과 양념장을 얹으면 소박하면서도 따뜻한 별미 도시락이 완성된다.

재료

단호박 ·················· 1/4개
양송이버섯 ············· 3개
표고버섯 ················ 2개
양파 ······················ 1/2개
당근 ······················ 1/3개
애호박 ··················· 1/2개
쌀 ·························· 2컵
완두콩 ··················· 1/4컵
소금 ······················ 약간
물 ·························· 1과 1/4컵
제철 과일 ··············· 약간

간장 양념장

진간장 ··················· 6큰술
고운 고춧가루 ········ 2큰술
통깨 ······················ 1큰술
참기름 ··················· 1큰술
다진 실파 ··············· 약간

1 단호박, 양송이버섯, 표고버섯, 양파, 당근, 애호박을 한입 크기로 자른다.
2 냄비에 쌀과 완두콩, 1의 채소를 넣고 소금으로 간한 뒤 물을 부어 센 불로 끓인다.
3 2의 내용물이 끓기 시작하면 불을 중간으로 낮추어 3분간 더 끓인 다음, 약한 불에서 13분 정도 두었다가 마지막으로 10초간 센 불로 가열해 증기를 빼고 불을 끈다. 그 상태로 15분 정도 뜸을 들여 밥을 짓는다.
4 간장, 고춧가루, 통깨, 참기름을 섞고 다진 실파를 넣어 양념장을 만든다.
5 밥을 도시락 용기에 담고 양념장과 제철 과일을 따로 담는다.

채소모둠밥 다르게 활용하기

입맛이나 계절에 따라 콩나물, 무, 곤드레, 시래기나물 등으로 다양하게 밥을 지어 색다른 맛을 즐길 수 있다. 연잎이나 대통, 단호박에 밥과 재료를 넣고 압력솥에서 익혀 내면 약선요리가 된다.

재료

양배추잎	3장
미나리줄기	30g
소금	약간
표고버섯	3장
양파	1/4개
두부	1/2모
식용유	약간
간장	2큰술
유기농 설탕	1작은술
전분가루	1큰술
물	1큰술
참기름	약간
후추	약간
땅콩가루	1큰술

베트남소스

다진 홍고추	2개
유기농 설탕	3큰술
국간장	1큰술
레몬주스	1큰술
물	1/2컵
생강즙	1/2작은술

1. 양배추와 미나리는 소금을 약간 넣고 끓인 물에 살짝 데친다.
2. 표고버섯과 양파는 곱게 다지고 두부는 으깬다.
3. 식용유를 두른 팬에 2의 재료를 넣어 볶다가 간장, 설탕을 넣고 조금 더 볶는다.
4. 3에 전분가루와 물을 섞은 전분물을 약간만 넣어 서로 엉기게 한 뒤 참기름, 후추, 땅콩가루를 섞는다.
5. 넓게 편 양배추 위에 4를 고르게 얹고 김밥처럼 돌돌 만 뒤 미나리줄기로 묶어 찜통에 15분 정도 찐다. 찐 양배추말이는 어슷 썰어 담고 베트남소스를 곁들인다.

양배추 활용법

양배추에 감자, 과일 등을 같이 갈아 주스로 마시면 궤양에 좋다. 채 썬 양배추를 냉수에 잠시 담구었다가 물기를 제거하고 오리엔탈소스나 두유마요네즈를 끼얹으면 간단한 양배추샐러드가 완성된다.

양배추말이찜

양배추는 달콤한 맛도 좋지만 칼슘이 풍부하고 비타민U, K가 많아 위나 십이지장의 점막의 재생을 돕는다.
잘 씻은 양배추를 그대로 쌈장에 찍어 먹어도 맛있고 채를 썰어 다양한 소스와 함께
샐러드로 만들어도 좋다.

맛탕카나페

예나 지금이나 맛탕은 아이들이 좋아하는 간식거리다.
고구마를 튀겨 물엿이나 조청을 입힌 맛탕도 좋지만 여기에 초콜릿을 뿌리면
다크초콜릿의 중후하고 깊은 맛과 고구마의 달콤함이 어우러져 환상적인 맛을 낸다.

재료

고구마	1개
튀김용 기름	3컵
다크리얼초콜릿	50g
유기농 설탕	4큰술
포도씨오일	6큰술
오이	1/4개
배	1/4개
양배추	1/8개
바게트	1/3쪽
제철 과일	약간

파인애플소스

포도씨오일	3큰술
유기농 설탕	1큰술
식초	1큰술
연겨자	1작은술
파인애플슬라이스	2개
샐러리	1대
소금	약간

1 고구마는 껍질을 벗긴 뒤 한입 크기로 잘라 180도의 기름에서 노릇하게 튀긴다.
2 다크초콜릿은 칼로 잘게 부수어 둔다.
3 팬에 설탕과 포도씨오일을 넣고 약한 불에서 서서히 설탕을 녹이며 시럽을 만든다. 시럽이 갈색을 띠면 튀긴 고구마를 넣어 버무린 뒤 체에 받쳐 기름을 빼고 따뜻할 때 초콜릿 가루를 뿌린다.
4 오이, 배, 양배추를 가늘게 채 썰고 소스 재료는 모두 믹서에 넣어 간다.
5 어슷하게 썬 바게트와 맛탕, 채소와 소스를 각각 담는다. 먹을 때는 카나페처럼 바게트 위에 맛탕과 채소, 소스를 얹어 먹는다. 적당한 크기로 자른 제철 과일을 곁들인다.

 유제품 함량 제로, 다크리얼초콜릿
대부분의 초콜릿에는 유제품이 들어있지만 다크리얼초콜릿은 그렇지 않아 안심하고 먹을 수 있다. 요리에 이용할 때는 중탕으로 녹여야 타거나 눌어붙지 않는다.

재료

찹쌀	5컵
원당	1/2컵
조청	3큰술
참기름	3큰술
간장	3큰술
깐 밤	10개
대추	10개
소금	1/2작은술
물	1/4컵
잣	3큰술

1 찹쌀을 12시간 정도 불렸다가 체에 밭쳐 물기를 뺀다.
2 찜통에 소창을 깔고 불린 찹쌀을 넣은 후 40분 정도 찐다.
3 2에 원당, 조청, 참기름, 간장, 밤, 대추를 넣고 소금물을 끼얹어 40분 정도 더 찐다.
4 찐 약밥에 잣을 섞은 뒤 베이킹컵에 하나씩 포장하여 담는다.

퓨전 약밥 만들기

기호에 따라 계피가루, 건포도, 곶감, 단호박, 캐슈넛, 호두, 땅콩을 추가해서 약밥을 만들 수 있다. 망고, 코코넛, 바나나를 넣거나 허브잎, 카레가루, 사프란 등을 넣어도 된다.

약밥컵케이크

약밥은 의외로 간단한 요리다. 준비한 재료를 그저 찌기만 하면 약밥이 완성된다. 베이킹컵에 포장된 약밥은 함께하는 모두를 기쁘게 할 특별한 메뉴다.

미니구절판

구절판은 고급스러운 한정식의 상징이지만 품이 들어 자주 만들게 되지 않는다. 조리 절차를 간소화한 미니구절판은 고궁이나 유적지 나들이에 제격이다.

재료

- 오이 …………… 1/2개
- 당근 …………… 50g
- 표고버섯 ………… 3개
- 새송이버섯 ……… 3개
- 석이버섯 ………… 3장
- 청·홍피망 ……… 1개씩
- 비트 ……………… 20g
- 우엉 ……………… 50g
- 식용유 …………… 5큰술
- 배 ……………… 1/2개
- 유기농 설탕 …… 1작은술
- 물 ……………… 1/2컵
- 제철 과일 ……… 약간

밀전병

- 메밀가루 ………… 2컵
- 물 ………………… 2컵
- 소금 ……………… 약간

겨자소스

- 연겨자 …………… 1큰술
- 식초 ……………… 2큰술
- 원당 ……………… 1큰술
- 조청 ……………… 1큰술
- 파인애플링 ……… 1개
- 참기름 ………… 1작은술

1 오이, 당근, 표고버섯, 새송이버섯, 석이버섯, 피망, 비트, 우엉은 곱게 채 썰어 살짝 볶는다.
2 배는 채 썰어 설탕물에 담갔다가 건져 물기를 뺀다.
3 메밀가루와 물, 소금을 섞어 만든 반죽을 기름 두른 팬에 동그랗게 떠 넣고 밀전병을 부친다.
4 소스 재료를 모두 섞어 겨자소스를 만든다.
5 준비한 재료를 밀전병으로 말아 가지런히 담고 제철 과일과 소스를 곁들인다.

구절판의 숨겨진 의미

옛 사람들은 음식에도 의미를 담았다. 구절판의 숫자는 우주가 9층으로 이루어져 있음을 상징하고, 흰 밀전병은 우주가 흰빛으로 충만해 모든 것을 감싸고 있음을 상징한다.

재료

수삼	·············	1뿌리
깐 밤	·············	5개
호두	·············	3쪽
인절미	·············	300g
참기름	·············	1큰술
구기자	·············	1큰술
물	·············	3큰술
식초	·············	3큰술
유기농 설탕	·············	2큰술
소금	·············	약간
조청	·············	2큰술

1 수삼은 잘 씻은 뒤 밤, 호두와 함께 잘게 다진다.
2 냉장고에 두어 굳은 인절미는 길게 채 썰듯 잘라 참기름을 두른 팬에 지진다.
3 냄비에 수삼, 밤, 호두, 구기자, 물을 넣고 끓이다가 재료가 익으면 식초, 설탕, 소금으로 새콤달콤하게 간을 맞추고 조청으로 윤기를 낸다.
4 인절미를 3에 버무린 뒤 도시락에 담고 냉장고에 넣어 시원하게 만든다.

떡조림 도시락을 다양하게 먹고 싶다면
기호에 따라 대추나 생강을 가미하거나 쑥이나 호박, 흑미찹쌀떡으로 다양하게 응용해도 맛있는 도시락이 된다. 인절미를 지진 뒤 따뜻할 때 소스에 버무려 먹어도 별미다.

인절미조림

냉장고에 넣어 두었던 떡과 견과류로도 색다른 도시락을 만들 수 있다.
인절미를 기름에 지져 내면 고소하면서도 쫄깃해져서 아이들이 좋아한다.

찹쌀밥구이

나들이를 위해 늘 새로 장을 볼 필요는 없다. 평소와 다른 도시락을 위해 대형 마트를 서성이지 말고 남은 밥으로 찹쌀밥구이를 만들어 보자. 천덕꾸러기 신세였던 남은 찬밥도 근사한 나들이 도시락으로 변신한다.

재료

들기름 ·················· 약간
두부 ···················· 1/2모
식은 찹쌀밥 ············ 1공기
양송이버섯 ············· 5개
소금 ···················· 약간
참기름 ·················· 약간

들깨소스

들기름 ·················· 4큰술
들깨가루 ················ 2큰술
다진 잣 ················· 1큰술
국간장 ·················· 1큰술

1. 팬에 들기름을 두르고 한입 크기로 자른 두부를 노릇하게 지진다.
2. 식은 찹쌀밥에 잘게 다진 양송이버섯, 소금, 참기름을 섞어 동그란 모양으로 만들고 들기름을 두른 팬에 노릇하게 지진다.
3. 볼에 들깨소스 재료를 모두 담고 잘 섞는다.
4. 지진 두부와 찹쌀밥구이를 도시락에 담고 3의 소스를 따로 낸다.

찹쌀밥을 맛있게 짓는 요령

찹쌀을 쌀 전체의 1/5정도로 넣어 비율을 맞춘다. 밥을 할 때 약간의 소금과 다시마 한 조각을 넣으면 맛있다.

멜론채소모둠

깨끗하고 환한 피부는 모든 사람의 소망. 그러나 지나친 인스턴트식품 섭취로 체내에 노폐물이 쌓이면 독소가 발생하고 이것이 얼굴로 올라와 염증이나 각종 트러블을 일으킨다. 이럴 때는 채소와 과일, 견과류를 듬뿍 먹는 것이 약이다. 피부는 내장의 거울이라는 말을 잊지 말자.

재료
딸기 ············· 100g
키위 ············· 2개
바나나 ············ 2개
오이 ············· 1/3개
양상추 ············ 약간
멜론 작은 것 ········ 1개
방울토마토 ·········· 5개
금귤 ············· 5개

유자청잣소스
두유마요네즈 ········ 3큰술
유자청 ············ 1큰술
다진 오이 ·········· 1큰술
볶은 잣 ··········· 1큰술
소금 ············· 약간

1 두유마요네즈에 유자청과 다진 오이, 볶은 잣, 소금을 섞어 유자청잣소스를 만든다.
2 딸기, 키위, 바나나, 오이를 깍뚝 썰고 양상추는 한입 크기로 찢는다. 방울토마토와 금귤은 반으로 자른다.
3 멜론의 윗부분을 약간만 잘라 내고 속을 파낸 다음 2의 과일과 채소를 멜론 속에 채워 냉장 보관한다.
4 멜론이 차가워지면 아이스박스에 담고 소스를 따로 포장하여 낸다.

긁어 낸 멜론 속 활용법
긁어낸 멜론 속은 바나나와 함께 갈아 조청을 약간 첨가하여 냉동하면 아이스크림처럼 먹을 수 있다. 물과 섞어 얼음통에 부어 얼리면 화채에 이용할 수 있는 연둣빛 얼음이 된다.

라이스페이퍼롤

따뜻한 물에 데치면 투명해지는 라이스페이퍼를 이용하면 재료의 색이 그대로 살아 있는 롤을 만들 수 있다. 여기에 카레를 넣으면 영양과 색, 맛이 환상적인 조화를 이룬다.

재료

시금치	100g
샐러리	1대
양파	1/2개
감자	1개
포도씨오일	약간
채식카레가루	2큰술
두유	약간
소금	약간
후추	약간
라이스페이퍼	6장

키위레몬소스

키위	1개
유기농 설탕	2큰술
포도씨오일	2큰술
레몬즙	1큰술
소금	약간

1 살짝 데친 시금치는 찬물에 헹군 다음 물기를 빼 곱게 간다.
2 샐러리와 양파는 잘게 다지고 껍질을 벗긴 감자는 삶은 뒤에 고르게 으깬다.
3 키위와 설탕, 포도씨오일, 레몬즙, 소금을 믹서에 갈아 키위레몬소스를 만든다.
4 팬에 포도씨오일을 두르고 다진 양파가 노릇해질 때까지 볶는다. 여기에 카레가루와 시금치, 으깬 감자, 두유를 넣어 약간 더 볶다가 다진 샐러리를 넣고 소금과 후추로 간을 한다.
5 라이스페이퍼를 3초 정도 뜨거운 물에 넣었다가 조심스럽게 꺼내 접시 위에 펴고 볶은 재료를 넣어 돌돌 말아 소스와 함께 낸다.

라이스페이퍼는 흐트러지지 않게
넓고 납작한 접시에 따뜻한 물을 부어 양손으로 라이스페이퍼를 잡고 담갔다가 그대로 꺼내면 모양이 흐트러지지 않는다.

재료
완두콩 ················ 1/2컵
감자 ·················· 1개
소금 ·················· 약간
시금치 ················ 50g
두부 ·················· 1/2모
후추 ·················· 약간
참기름 ················ 1큰술
우리밀통밀가루 ········· 약간
빵가루 ················ 1/2컵
식용유 ················ 10큰술

사과소스
간장 ·················· 1큰술
유기농 케첩 ············ 1큰술
사과 ·················· 1/4개
양파 ·················· 1/4개

1 완두콩과 감자는 소금을 넣은 물에 삶은 뒤 각각 볼에 넣어 으깬다.
2 시금치는 소금물에 데쳐 잘게 다지고 두부는 으깨어 살짝 볶는다.
3 소스 재료는 전부 믹서에 곱게 간 다음 중간 불로 약간 되직하게 끓인다.
4 완두콩, 감자, 시금치, 두부에 소금, 후추, 참기름을 넣고 통밀가루로 농도를 맞추어 가며 반죽한다. 반죽이 다 되면 손바닥 크기로 동그랗게 빚어 빵가루를 묻힌다.
5 팬에 넉넉하게 기름을 두르고 4를 튀겨 내듯 익힌다. 소스를 곁들여 도시락에 담는다.

두부, 고혈압 환자는 조심
두부에는 간수가 들어가기 때문에 중풍이나 고혈압 등 혈관계 질환을 앓고 있는 환자는 조금씩만 먹는 게 좋다.

완두콩시금치커틀릿

몸에 좋은 두부와 채소로 커틀릿을 만들어 주면 평소 채소를 안 먹던 아이도 거부감 없이 먹는다.
주스를 곁들이면 영양 밸런스도 맞출 수 있다.

CHAPTER 06

내 몸에 꼭 맞는
약선 도시락

학교나 직장에서는 개개인의 건강 상태에 적합한 식사를 하기 어렵다.
무너진 식습관은 장기적으로 인체에 큰 해가 되는데
특히 고혈압이나 당뇨 등의 각종 성인병 환자에게는 치명적일 수 있다.
다양한 질병이나 체질에 맞춘 도시락으로 건강을 지키자.

죽순대추채 고혈압

만성적 성인병인 고혈압엔 무기질과 섬유질이 풍부한 죽순이 좋다. 단, 냉한 체질이라면 장복하지 않는 것이 좋다. 또 몸과 마음을 편안하게 해 주는 연근과 대추는 음식뿐만 아니라 평상시 차로 마시기에도 좋은 재료다.

재료

죽순	300g
연근	100g
브로콜리	100g
대추	5개
당근	1/3개
청·홍피망	1개씩
포도씨오일	약간
생강편	4쪽
간장	2큰술
소금	약간
녹말물	1큰술
참기름	약간
후추	약간
밥	1공기

1 죽순은 끓는 물에 무를 때까지 삶아 찬물에 헹구고 물기를 뺀 뒤 얇게 저며 썬다.
2 연근, 브로콜리는 한입 크기로 썰고 씨를 뺀 대추와 당근, 피망도 한입 크기로 자른다.
3 포도씨오일을 두른 팬에 생강편과 죽순, 2의 재료를 넣고 볶다가 간장과 소금으로 간을 맞추고 녹말물을 넣어 자작하게 조린다.
4 3에 참기름과 후추를 넣어 마무리하고 밥과 함께 도시락에 담는다.

종류별 고혈압에 도움 되는 음식

신경성 고혈압에는 죽순, 대추, 연근, 통밀밥이 좋고 수분이 정체되어 물살이 찐 고혈압에는 율무밥, 누룽지밥, 생강차가 효과적이다. 흥분을 잘하고 성격이 급해서 오는 고혈압은 보리밥, 솔잎차, 죽순, 녹두, 메밀, 콩, 미나리, 다시마, 미역, 오이 섭취가 도움이 된다.

재료
- 메주콩 ………………… 1/2컵
- 보리밥 ………………… 1/2공기
- 당근 …………………… 1/3개
- 우엉 …………………… 1/3대
- 양파 …………………… 1/4개
- 김치 …………………… 약간
- 소금 …………………… 약간
- 후추 …………………… 약간
- 우리밀통밀가루 ……… 약간
- 들기름 ………………… 약간
- 자색고구마 …………… 70g
- 제철 과일 ……………… 약간

샐러드소스
- 유자청 ………………… 2큰술
- 배즙 …………………… 2큰술
- 레몬즙 ………………… 1큰술
- 소금 …………………… 약간

1. 메주콩은 하루 정도 물에 불린다.
2. 불린 메주콩과 보리밥을 함께 믹서에 넣고 곱게 간다.
3. 당근, 우엉, 양파를 채 썰고 김치는 적당한 크기로 썬다. 모든 재료의 물기를 빼 둔다.
4. 2와 3을 섞어 소금과 후추로 간을 하고 통밀가루로 농도를 맞춘 다음 들기름을 두른 팬에 동그랗게 빈대떡을 부친다.
5. 깨끗하게 씻어 껍질째 채 썬 자색고구마에 샐러드소스 재료를 모두 섞어 고구마샐러드를 만들고 빈대떡, 제철 과일과 함께 낸다.

당뇨에 좋은 음식
당뇨에는 섬유질이 풍부한 채소와 현미를 이용한 잡곡밥이 좋다. 자색고구마의 안토시아닌색소에는 인슐린생성량을 높이고 혈당을 내리는 기능이 있어 당뇨 환자에게 좋다. 갈증이 심해 혀가 갈라지고 변비 등이 있다면 오이, 보리밥, 녹두죽, 죽순이 도움이 되고 당뇨로 인해 기혈이 상승했다면 솔잎, 콩, 대추, 통밀이 좋다.

흰콩빈대떡&고구마샐러드 당뇨

식습관 개선만으로도 큰 효과를 볼 수 있는 것이 당뇨병이다. 콩, 양파, 우엉, 보리, 고구마 등으로 도시락을 만들면 당뇨가 염려되는 사람에게 큰 도움이 된다.

쑥고추장떡찜 볶음

쑥과 오수유로 만든 도시락은 몸을 보호하고 자궁을 따뜻하게 하여 여성 냉증에 효과가 있는데 특히 가임기 여성에게 큰 도움이 된다.

1 깨끗하게 씻은 오수유와 물을 냄비에 담아 약한 불에서 반 정도 졸인 후 식힌다.
2 잘 씻은 쑥은 끓는 소금물에 살짝 데쳐 꼭 짜고 한입 크기로 자른다. 물에 불린 건표고버섯도 곱게 다진다.
3 두부를 으깨고 쑥, 다진 건표고버섯을 넣어 잘 섞는다.
4 3에 들깨가루, 소금, 된장, 고추장, 다진 풋고추를 넣고 1의 오수유 졸인 물과 통밀가루를 넣어 되직하게 농도를 맞춘다.
5 찜통에 김이 오르면 소창을 깔고 4의 반죽을 올려 20분 정도 찐다.

재료

오수유	4g
물	5컵
어린 쑥	200g
소금	약간
불린 건표고버섯	4장
두부	1/4모
들깨가루	2큰술
된장	1큰술
고추장	1큰술
다진 풋고추	2큰술
우리밀통밀가루	5큰술

봄철 어린 쑥 저장법

봄철 어린 쑥을 뜯어 그늘에서 말린 뒤 신문지나 한지로 감싸 통풍이 잘 되는 곳에 보관하거나 살짝 데쳐 물기를 제거하고 한 움큼씩 봉지에 담아 냉동실에 얼려 둔다. 이렇게 보관하면 일 년 내내 쑥 요리를 먹을 수 있다.

재료

애느타리버섯	800g
표고버섯	50g
양배추	50g
양파	30g
청·홍피망	30g씩
브로콜리	80g
포도씨오일	2큰술
국간장	1큰술
채수	1/2컵
녹말물	1큰술
참기름	1/2큰술
통깨	약간
후추	약간
밥	1공기

생청국장소스

생청국장	3큰술
국간장	2큰술
감식초	2큰술
매실청	2큰술
들기름	1큰술
실파	약간
다진 청양고추	약간
후추	약간

1 애느타리버섯은 가늘게 찢고 표고버섯, 양배추, 양파, 피망은 채 썬다. 브로콜리는 한입 크기로 잘라 둔다.
2 포도씨오일을 두른 팬에 양파를 넣고 볶다가 애느타리버섯, 양배추, 표고버섯, 피망, 브로콜리를 넣어 볶고 국간장으로 양념한다.
3 2의 재료가 어느 정도 익으면 채수를 넣고 다시 볶다가 녹말물로 농도를 맞추고 참기름, 통깨, 후추를 넣어 마무리한다.
4 생청국장소스 재료는 모두 볼에 담아 고루 섞는다.
5 덮밥 재료와 밥, 생청국장소스를 따로 담아낸다.

아이들에게 청국장을 먹이려면

만두피에 감싸 튀김을 하거나 새콤달콤한 맛이 강한 소스와 함께 먹으면 청국장을 싫어하는 아이들도 잘 먹는다. 비빔밥에 조금씩 섞어 주는 것도 좋다.

버섯덮밥&생청국장소스 암

항암에 탁월한 효능을 가진 브로콜리와 청국장, 몸 안을 해독하는 버섯과 양배추는 완벽한 건강 재료이다. 버섯과 양배추가 듬뿍 들어간 이 도시락은 암을 예방하고 면역력을 키우는 보약이다.

녹두검은콩연근주먹밥 아토피

아토피도 음식으로 다스릴 수 있다. 피를 맑게 하는 당근, 독소를 배출하는 연근과 현미, 해열에 효과가 있는 검정콩과 감초는 가려움증을 효과적으로 덜어 준다. 하루 전에 잡곡과 현미를 불리면 아침에 도시락 싸기도 편하다.

재료
- 현미 ······ 1컵
- 녹두 ······ 1/4컵
- 검정콩 ······ 1/4컵
- 율무 ······ 1/4컵
- 연근 ······ 100g
- 당근 ······ 100g
- 물 ······ 2컵
- 소금 ······ 약간
- 쌈채소 ······ 약간

쌈장
- 두부 ······ 1/9모
- 청국장 ······ 1큰술
- 된장 ······ 1큰술
- 들기름 ······ 1큰술
- 들깨가루 ······ 1큰술
- 다진 청·홍피망 ······ 1큰술

1. 현미와 녹두, 검정콩, 율무는 잘 씻어 30분간 불린다.
2. 연근과 당근은 껍질을 벗겨 주사위 모양으로 잘게 썬다.
3. 압력밥솥에 1과 2를 넣고 물과 소금을 넣어 밥을 짓는다.
4. 으깬 두부에 청국장, 된장, 들기름, 들깨가루, 다진 피망을 섞어 쌈장을 만든다.
5. 밥이 다 되면 먹기 좋은 크기로 꼭꼭 쥐어 주먹밥을 만들고 쌈채소 위에 얹어 쌈장과 함께 낸다.

아토피에 좋은 음식들

현미잡곡밥, 녹두, 보리, 도토리, 검은콩, 율무, 미나리, 케일 등은 모두 아토피에 적합한 음식이다. 곡류와 채소, 과일 중심의 식단은 아토피에 많은 도움이 된다.

1. 구기자, 오미자, 복분자, 토사자, 사상자에 물을 붓고 물의 양이 반으로 줄 때까지 약 30분에서 50분 정도 약한 불로 끓인다.
2. 하룻밤 물에 불린 쥐눈이콩과 참마를 믹서에 곱게 갈고, 청양고추와 당근은 잘게 다진다.
3. 볼에 1과 2의 재료를 고르게 섞고 소금, 후추로 간을 한다. 재료의 농도는 통밀가루로 되직하게 조절하며 반죽을 만든다.
4. 식용유를 두른 팬에 반죽을 적당한 크기로 떠 넣고 동그랗게 지진다.
5. 토마토와 파프리카, 청양고추는 주사위 모양으로 잘게 자르고 매실청, 레몬즙, 소금과 고루 섞어 소스를 만든다.
6. 동그랑땡을 밥과 함께 도시락에 넣고 소스는 따로 용기에 담는다.

신장을 보하는 오자

한약재의 이름 뒤에 아들 '재(子)' 자가 붙은 것이 있는데, 그 중에서 구기자, 오미자, 사상자, 토사자, 복분자를 '오자(五子)'라고 한다. 한의학에서는 인체의 생명력을 지탱하는 것을 신장이라고 보는데, 오자에는 신장을 보하는 기능이 있다고 한다.

재료

구기자	4g
오미자	4g
복분자	4g
토사자	4g
사상자	4g
물	10컵
쥐눈이콩	3큰술
참마	1/2개
청양고추	1개
당근	1/2개
소금	1큰술
후추	약간
우리밀통밀가루	약간
식용유	5큰술
참기름	약간
밥	1공기

토마토소스

토마토	1개
초록, 빨강 파프리카	1/2개씩
청양고추	1/2개
매실청	5큰술
레몬즙	3큰술
소금	약간

쥐눈이콩동그랑땡 피로회복

자가용에 기름이 떨어지면 경고등이 깜빡이듯 인체도 신장의 에너지가 허해지면 자주 피곤하고 여러 부위에 위험 신호가 나타난다. 이때 쥐눈이콩과 오자(구기자, 오미자, 복분자, 토사자, 사상자)를 섭취하면 활기를 되찾을 수 있다.

녹두우엉부침 & 초콩 해독

초콩은 중금속과 농약, 방부제로 오염된 오장육부를 해독해 준다. 초콩과 식초를 적절히 이용하면 단백질을 보충하면서 몸 안의 독소도 배출할 수 있다. 평소에 초콩을 만들어 두고 소스나 샐러드에 이용하면 좋다.

재료

우엉	…………………	1/3대
생강	…………………	1톨
식용유	…………………	약간
간장	…………………	1큰술
매실청	…………………	1큰술
후추	…………………	약간
참기름	…………………	1작은술
우리밀통밀가루	…………	3큰술
도토리가루	………………	1큰술
녹두가루	…………………	1큰술
소금	…………………	약간
조청	…………………	2큰술
초콩	…………………	2큰술

1 껍질을 벗긴 우엉과 생강을 가늘게 채 썰고 식용유를 두른 팬에서 볶다가 간장과 매실청을 넣고 약간 더 볶은 뒤에 후추와 참기름으로 마무리한다.
2 볼에 통밀가루, 도토리가루, 녹두가루를 담아 물을 부으면서 농도를 조절한 다음 소금으로 간을 맞춘다.
3 식용유를 두른 팬에 2의 반죽을 부어 노릇노릇하게 뒤집어 가며 지진다.
4 완성된 부침에 1의 재료를 넣어 반으로 포개거나 돌돌 말아 먹기 좋은 크기로 썬다. 조청으로 버무린 초콩을 함께 곁들인다.

🫙 초콩을 만들 때는 물기 없는 콩으로
초콩은 검정콩과 식초를 1 : 3 정도의 비율로 병에 부은 다음 일주일 정도 숙성시켜 만든다. 이때 검정콩은 깨끗한 물에 재빨리 씻은 다음 물기를 제거해야 쭈글쭈글해지지 않는다.

과일과 채소 듬뿍!
다이어트 건강 도시락

펴낸날	초판 1쇄 2010년 6월 5일
	초판 4쇄 2013년 6월 21일

지은이	이도경
펴낸이	심만수
펴낸곳	(주)살림출판사
출판등록	1989년 11월 1일 제9-210호

주소	경기도 파주시 문발동 522-1
전화	031-955-1350 팩스 031-955-1355
홈페이지	http://www.sallimbooks.com
이메일	book@sallimbooks.com

ISBN 978-89-522-1427-0 13590

※ 값은 뒤표지에 있습니다.
※ 잘못 만들어진 책은 구입하신 서점에서 바꾸어 드립니다.